MensSana

Über den Autor:
Erich Bauer, geb. 1942, von der BILD-Zeitung zu Deutschlands »Kultastrologen« erhoben, sagt täglich Millionen Menschen, wie der Mond steht und was er bewirkt. In diesem Buch geht er ins Detail und verrät die günstigsten Zeitpunkte.
Er ist Chefastrologe der weltweit größten Astrologie-Zeitschrift »Astrowoche«, bekannt durch regelmäßige astrologische Beiträge in Zeitschriften, Radio und im Fernsehen und Verfasser zahlreicher Veröffentlichungen über Astrologie und verwandte Themen. Erich Bauer betreibt eine eigene astrologisch-therapeutische Praxis in München und führt astrologische Seminare und Einzelsitzungen durch.

Erich Bauer

Alles über das Sternzeichen

JUNGFRAU
24. 8. – 23. 9.

MensSana

Besuchen Sie uns im Internet: www.knaur.de
Alle Titel aus dem Bereich MensSana finden Sie im Internet unter
www.mens-sana.de

Überarbeitete Neuausgabe November 2010
Knaur Taschenbuch. Ein Unternehmen der Droemerschen Verlagsanstalt
Th. Knaur Nachf. GmbH & Co. KG, München
Copyright © 2010 Knaur Taschenbuch
Redaktion: Ralf Lay
Abbildungen: Erich Bauer
Umschlaggestaltung: ZERO Werbeagentur, München
Umschlagabbildung: FinePic®, München
Satz: Wilhelm Vornehm, München
Druck und Bindung: CPI – Clausen & Bosse, Leck
Printed in Germany
ISBN 978-3-426-87518-6

2 4 5 3 1

Jungfrau

24. August bis 23. September

DIE FAKTEN

Element *Erde*
als Stoff und Urelement, als Trägerin des Lebens und als große Geberin und Mutter der Ernte.

Qualität *Beweglich*
Anpassungsbereit, reflexiv, selbstlos.

Polung *Minus*
Weiblich, Yin, passiv, nach innen.

Symbolik Die *Jungfrau* steht für Reinheit, Jugend und Unschuld, für Sublimierung, Reife und Ordnung.

Zeitqualität *24. August bis 23. September*
Übergang vom Sommer zum Herbst als Reife- und Erntezeit. Vorsorge für den Winter.

Herrscherplanet *Merkur des Abends* als Symbol göttlicher Botschaft und höherer Vernunft.

Stärken

Zuverlässig, fürsorglich, sachlich, beschwingt.

Reiseziele

Stadt Nürnberg, San Francisco, Melbourne
Land Schweiz, Türkei, Indien
Landschaft Hügellandschaft

Magische Helfer

Farbe Oliv
Stein Bernstein
Baum Apfelbaum
Tier Katze
Duft Myrte

Die Persönlichkeit

3	Durchsetzung
5	Besitzstreben
3	Kontakt
4	Familie
7	Genuss
10	Pflicht
7	Liebe
6	Bindung
6	Ideale
9	Ehrgeiz
4	Originalität
6	Transzendenz

Inhalt

Teil II – Die ganz persönlichen Eigenschaften

Vorwort

Astrologie ist eine wunderbare Sache
Sie verbindet den Menschen mit dem Himmel, richtet seinen Blick nach oben in die Unendlichkeit. Vielleicht steckt hinter dem Interesse an ihr zutiefst die Sehnsucht nach unserem Ursprung, unserem Zuhause, nach Gott oder wie immer man das Geheimnisvolle, Unbekannte nennen will.

Astrologie ist uralt und trotzdem hochaktuell
Die ersten Zeugnisse einer Sternenkunde liegen Tausende von Jahren zurück. Und dennoch ist sie brandneu. Es scheint, als hätte sie nichts von ihrer Faszination verloren. Natürlich hat sich die Art und Weise astrologischer Beschäftigung verändert. Während früher der Astrologe noch persönlich in den Himmel schaute, studiert er heute seinen Computerbildschirm. Damals konnte man nur von einem Kundigen eingeweiht werden, heute finden sich beinah in jeder Zeitung astrologische Prognosen.

Astrologie ist populär
Jeder kennt die zwölf Tierkreiszeichen. Man kann eigentlich einen x-beliebigen Menschen auf der Straße ansprechen und ihn nach seiner Meinung fragen: Er weiß fast immer Bescheid, sowohl über sein eigenes Sternzeichen als auch über die meisten anderen. Die zwölf astrologischen Zeichen sind Archetypen, die im Unterbewusstsein ruhen und auf die man jederzeit zurückgreifen kann.

Astrologie schenkt Sicherheit
Der Einzelne findet sich eingebettet in einer gütigen und wohlwollenden Matrix, ist aufgehoben, hat seinen Platz, so wie auch alle anderen ihren Platz haben.

Astrologie kann gefährlich sein

Die Astrologie liefert ein perfektes System. Konstellationen, die sich auf Bruchteile von Sekunden berechnen lassen, blenden und machen glauben, man habe es mit einer exakten Wissenschaft zu tun. Genau das ist aber falsch. Die Astrologie ist viel eher eine Kunst oder eine Philosophie. Ihre Vorhersagen sind immer nur ungefähr, zeigen eine Möglichkeit, sind aber kein Dogma. Astrologen wie Ratsuchende driften, wenn sie nicht achtgeben, leicht in eine Pseudowelt ab. In ihr ist zwar alles in sich stimmig, allein es fehlt am validen Bezug zur Wirklichkeit.

Ich bin Astrologe aus Passion

Ich lebe in dieser Welt, aber ich weiß auch, dass sie nicht alles offenbart. Ich freue mich, die Gestirne als Freunde zu haben, und glaube, dass ich so mein Schicksal gütig stimme. Das ist eine Hoffnung, kein Wissen.

Ich wünsche Ihnen beim Lesen Spaß und Spannung – und dass Sie sich selbst und andere besser verstehen.

Erich Bauer, im Frühjahr 2010

Einleitung:
Eine kurze Geschichte der Astrologie

Am Anfang jeder Geschichte der Astrologie steht das Bild des nächtlichen, mit Sternen übersäten Himmels. Der Mensch früherer Zeiten hat ihn sicher anders erlebt als wir. Er wusste nichts von Lichtjahren und galaktischen Nebeln. Er erschaute das Firmament eher vergleichbar einem Kind. Und als Kind der Frühzeit sah er sich nicht, wie wir heute, als getrennt von diesem Himmel, sondern als eins mit ihm. Er fand sich in allem und fand alles in sich. Und er folgte dem Rhythmus dieses großen Ganzen, ähnlich wie ein Kind seiner Mutter folgt. Dabei fühlte er sich wohl getragen und geborgen.

Wann die Menschheit anfing, sich aus diesem Gefühl der Allverbundenheit zu lösen, ist schwer zu sagen. Die überlieferten Zeichen sind rar und rätselhaft. Aber als der Homo sapiens begann, die Sterne zu deuten, war er dem großen Ozean seit Äonen entstiegen, er sah sich und den Himmel längst als getrennte Einheiten. Doch kam es irgendwann dazu, dass der Mensch Beziehungen zwischen den Sternbildern und dem Leben auf der Erde wiederentdeckte, deren Kenntnis er eigentlich schon immer besaß. Beispielsweise erlebte er, dass ein Krieg ausbrach, während am Himmel ein Komet auftauchte und die normale Ordnung der Sterne störte. Oder er empfand großes Glück, während sich am Firmament zwei besonders helle Lichter trafen. Er begann solch auffällige Lichter mit Namen zu versehen: »Helios« beispielsweise oder »Jupiter«, »Mars« oder »Venus«. Er ging sogar dazu über, bestimmte Sterne als Gruppen (Sternbilder) zusammenzufassen und ihnen Namen zu geben, etwa »Widder« oder »Großer Wagen«. Immer wieder beobachtete er typische Gestirnskonstellationen, die parallel zu markanten Ereignissen auf der Erde auftraten. Nach den Gesetzen der Logik entwickelte er aus diesen Zusammenhängen mit der Zeit eine Wissenschaft, die Astrologie, die ihm zum Beispiel die Schlussfolgerung erlaubte, dass auf der

Erde Gefahr droht, wenn Mars in das Tierkreiszeichen Skorpion eintritt. So fand der Mensch allmählich seine verlorene Einheit wieder und baute eine Brücke, die ihn mit seinem Urwissen verband, das er im Inneren seiner Seele aber nie wirklich verloren hatte.

Der Ursprung

Die Urheimat der Sternkunde war nach heutigem Erkenntnisstand Mesopotamien, das Land zwischen den Flüssen Euphrat und Tigris, das jetzt »Irak« heißt. Dort war der menschliche Geist wohl am kühnsten und vollzog als Erster endgültig die Trennung zwischen Mensch und Schöpfung. Die Sterne am Himmel bekamen Götternamen, etwa den des Sonnengotts Schamasch und der Göttin Ischtar, die auch als Tochter der Mondgöttin verehrt wurde und die sich als leuchtender Venusstern offenbarte. Da der Mond, die Sonne und einige andere Lichter im Vergleich zu den Fixsternen scheinbar wanderten, nannte man diese Planeten »umherirrende« oder »wilde Schafe« und unterschied sie von den »festgebundenen« oder »zahmen Schafen« – den Fixsternen, die vom Sternbild Orion, dem »guten Hirten«, bewacht wurden. Der größte Planet des Sonnensystems, mit heutigem Namen »Jupiter«, war im Land zwischen den zwei Strömen ein Sinnbild des Schöpfergottes Marduk. Sein Sohn und Begleiter hieß »Nabu« und wurde später zu »Merkur«. Das rötlich funkelnde Gestirn Mars wiederum war die Heimat des Herrn der Waffen, der genauso als Rachegott angesehen wurde. Saturn war ebenfalls bereits entdeckt worden und wurde als eine »müde Sonne« betrachtet. Außerdem galt Saturn als Gott der Gerechtigkeit, Ordnung und Beständigkeit. Gemeinsam mit anderen Göttern erhob sich schließlich der Rat der zwölf Gottheiten, und damit hatten auch die zwölf verschiedenen astrologischen Prinzipien ihren Auftritt. Zu all diesen Erkenntnissen kam man im Zweistromland etwa zwischen dem 7. und 4. vorchristlichen Jahrhundert.

Man hat Tafeln aus dem 2. Jahrhundert vor Christus gefunden, auf denen Beobachtungen über den Lauf von Sonne, Mars und Venus eingezeichnet waren. Auch Zeugnisse von ersten Geburtshoroskopen stammen aus dieser Zeit. Im Jahr 1847 wurden bei den Ruinen von Ninive 25 000 Tontafeln ausgegraben. Man datierte sie ins Jahr 600 vor Christus. Auf einem Teil dieser Tafeln befinden sich Weissagungen, die, mit etwas Zeitgeist aufgefrischt, ohne weiteres der astrologischen Seite einer modernen Tageszeitung entstammen könnten: »Wenn Venus mit ihrem Feuerlicht die Braut des Widders beleuchtet, dessen Schwanz dunkel ist und dessen Hörner hell leuchten, so werden Regen und Hochflut das Land verwüsten.«

Das ist eine »professionelle« astrologische Vorhersage. Damit war Spezialistentum an die Stelle einer ganzheitlichen Naturerfahrung getreten. Denn inzwischen hatte nur der fachkundige Astrologe die Zeit und das Wissen, den Himmel zu studieren, um daraus Rückschlüsse auf die Ereignisse im Weltgeschehen zu ziehen. Bald musste dieser Fachmann auch nicht einmal mehr den Himmel selbst beobachten. Spätestens im 1. Jahrhundert vor Christus gab es Ephemeriden. Das sind Bücher, aus denen die Stellung der Gestirne zu jeder beliebigen Zeit herausgelesen werden kann. Die Astrologie, wie sie auch heute noch betrieben wird, war damit endgültig geboren.

Die Blüte

In den nun folgenden anderthalbtausend Jahren erlebte die Astrologie eine Blütezeit kolossalen Ausmaßes. Dafür steht ein so bedeutender Name wie Claudius Ptolemäus. Er lebte im 2. Jahrhundert nach Christus und vertrat das geozentrische Weltbild mit der Erde im Mittelpunkt, auf das sich die Menschheit nach ihm noch länger als ein Jahrtausend beziehen sollte. Er war Geograph, Mathematiker und ein berühmter Astrologe und Astronom, der das bis in unsere Zeit fast unverändert Regelwerk der Astrologie verfasste, den *Tetrabiblos*, welcher aus vier Büchern besteht. Darin riet er zu einer sorgfältigen Gesamtschau des Geburtshoroskops. Er erwähnte auch, dass man bei der Beurteilung eines Menschen ebenso dessen Milieu und Erziehung berücksichtigen solle, was einer modernen ganzheitlichen psychologischen Betrachtungsweise entspricht.

Eine spätere Berühmtheit in der Geschichte der Astrologie war Philippus Theophrastus Bombastus von Hohenheim (1493–1541), der sich selbst stolz »Paracelsus« nannte. Er war Arzt, Alchemist sowie Philosoph, und von ihm stammt jener von Astrologen so viel zitierte Satz: »Ein guter Arzt muss immer auch ein guter Astronomus sein.« Dazwischen lebte der Bischof Isidor von Sevilla (560–636). Er schrieb, ein Arzt solle immer auch sternkundig sein. Erwähnt werden muss natürlich die berühmte weibliche Vertreterin einer sternenkundigen Heilkunst Hildegard von Bingen (1098–1179). Sie war fasziniert von den Analogien zwischen Himmel und Erde, sammelte Kräuter, pflanzte sie im Klostergarten an und schrieb über die Wirkung der Mondphasen. Sicher war die heilige Hildegard nicht der einzige weibliche astrologisch denkende Mensch. Aber ihr Name sei hier stellvertretend genannt für all die Frauen, die als Tempelpriesterinnen, Nonnen und angebliche Hexen ihr ganzheitliches Wissen über die Jahrhunderte hinweg weitergegeben haben.

Bis ins 16. Jahrhundert dauerte die Hoch-Zeit der Astrologie. Beinah alle angesehenen Denker – wie Platon und Aristoteles im Altertum, Naturwissenschaftler wie Nikolaus Kopernikus (1473–1543), Johannes Kepler (1571–1630) und Galileo Galilei (1564–1624) – dachten astrologisch und berechneten auch Horoskope. Am bekanntesten ist das von Kepler angefertigte Horoskop Wallensteins aus dem Jahr 1608. Die Astrologie wurde an den Universitäten gelehrt, und auch viele Bischöfe und einige Päpste förderten die Sternkunde. Wie es heute selbstverständlich ist, dass ein Naturwissenschaftler Einsteins Relativitätstheorie kennt und versteht, so war damals jeder denkende Kopf in der Astrologie bewandert.

Der Niedergang

Bereits Ende des 16. Jahrhunderts hatte die Astrologie ihren guten Ruf in vielen Ländern Europas verloren. Es gab päpstliche Anordnungen wie die Bulle »Constitutio coeli et terrae« von 1586, in der ein Verbot der Astrologie ausgesprochen wurde, und die meisten Universitäten schafften ihren Lehrstuhl für Astrologie ab.

Worauf war dieser rapide Niedergang zurückzuführen? Es gibt sicher zahlreiche Gründe. Der wichtigste ist, dass sich der menschliche Geist von den Fesseln tradierter Vorstellungen zu befreien begann. Er löste sich mit der Reformation von Rom und später mit der Französischen Revolution von seinen königlichen und kaiserlichen »Göttern«. Da war es nur konsequent, sich auch von den »Göttern am Himmel« loszusagen. Der zweite Grund war der, dass sich im Lauf der Zeit grobe Fehler astrologischer Vorhersagen herumsprachen. So hatte es wohl keine Prophezeiung gegeben, die den Dreißigjährigen Krieg oder die Pest rechtzeitig in den Sternen sah. Der dritte Grund wird häufig von den professionellen Astrologen angeführt. Sie behaupten, dass die falschen Propheten, also die unseriösen Astrologen, der wahrhaften Sterndeutekunst das Aus bescherten. Eine Kunst wie die Astrologie lockt natürlich auch faustische Gestalten an, die davon besessen sind, dem Schicksal einen Schritt voraus zu sein. Solche Schwarmgeister und falsche Propheten haben der Astrologie bestimmt geschadet, besonders auch, weil durch die Erfindung der Buchdruckerkunst jede noch so törichte Prophezeiung in einer hohen Auflage verbreitet werden konnte. Aber den guten Ruf der Astrologie haben letztlich auch sie nicht ruiniert.

Nein, es waren die Astrologen selbst. Als im 16. und 17. Jahrhundert durch immer neue Entdeckungen die Erde ihre zentrale Stellung verlor und sich ein völlig neues naturwissenschaftliches Verständnis durchsetzte, versuchte die Astrologie mitzuhalten und verlor wegen ihrer unhaltbaren Thesen jeden Kredit in den gelehrten Kreisen. Schon Kepler, der seiner Zeit um Jahrzehnte voraus war, hatte die Astrologen gewarnt und ihnen geraten, ihre Kunst nicht auf einen naturwissenschaftlichen, sondern auf einen philosophischen Boden zu stellen. Er sagte, es sei unmöglich, zu denken, dass die Sterne mittels irgendwelcher Strahlungen die menschliche Seele berühren könnten. Er sprach in diesem Zusammenhang von einem astrologischen Instinkt, der im menschlichen Geist verankert sei. Aber sein »psychologischer Ansatz« wurde überhört und ging schließlich völlig unter. Die Astrologen sahen sich im Gegenteil dazu veranlasst, immer hanebüchenere »wissenschaftliche« Thesen aufzustellen. Die Folge war ein gewaltiges Gelächter der gesamten gelehrten Welt im 17. Jahrhundert, das bis heute noch nicht verklungen ist.

Der Neubeginn

Erst im 19. und dann besonders im 20. Jahrhundert besann sich der Mensch wieder vermehrt seiner fernen Vergangenheit. Der Schweizer Psychiater C. G. Jung etwa sagte, dass die Astrologen endlich darangehen müssten, ihre Projektionen, die sie vor Jahrtausenden an den Himmel geworfen hätten, wieder auf die Erde zurückzuholen. In jeder menschlichen Seele seien die Kräfte der astrologischen Archetypen, der archaischen Urbilder, enthalten und dort wirksam. So wird der Raum am Himmel mit den Zeichen und Planeten zu einer Landkarte menschlicher Anschauung. Dabei ist es nicht so, dass zum Beispiel der Planet Mars die Geschicke *bestimmt*, sondern er *zeigt* durch seine Position den Gesetzen der Analogie folgend *auf*, was in der menschlichen Seele vor sich geht.

Nach seiner jahrtausendelangen Reise heraus aus der Allverbundenheit hat der Mensch also begonnen, den Bezug zu seinen Ursprüngen wiederherzustellen. Er besinnt sich als kritischer und freier Geist darauf, was schon immer in ihm vorhanden war. Damit beginnt die Ära einer psychologischen oder philosophischen Astrologie. Und das ist auch die Geburtsstunde einer Astrologie, die ganzheitlich denkt und arbeitet.

In etwa parallel zu dieser allmählichen Hinwendung zur Psychologie und Philosophie übernahmen Computer mit entsprechender Software den komplexen Rechenvorgang zur Erstellung eines Geburtshoroskops. Bis vor vielleicht zehn, zwanzig Jahren gehörte es zum Standardkönnen eines jeden Astrologen, Horoskope zu berechnen und zu zeichnen. Dies ist sehr wahrscheinlich einer der Gründe, warum Frauen unter den Sterndeutern damals deutlich in der Minderzahl waren. Es ist einfach nicht ihr Metier, sich mit trockenen Zahlen und komplizierten Berechnungen herumzuschlagen, wo es doch um seelische Vorgänge geht – und diese Feststellung ist in keiner Weise abwertend gemeint, denn heute sind Frauen unter den Astrologen bei weitem in der Überzahl.

Der PC spuckt nach Eingabe von Name, Geburtsdatum, -ort und -zeit in Sekundenschnelle das Horoskop aus. Die astrologische Kunst scheint jetzt »nur« noch darin zu bestehen, die Konstellationen richtig zu deuten. Und auch hier ersetzt der Computer mehr und mehr den Astrologen. Es gibt schon seit einigen Jahren Programme, die mit entsprechenden Textbausteinen zu bemerkenswert treffenden Aussagen kommen. Ist dies nun das Ende der Sterndeuter? Ich meine: im Gegenteil! Überlassen wir dem »Computer-Astrologen« ruhig die Grundarbeit. Das spart Zeit. Dafür kann der »Mensch-Astrologe« die einzelnen Fakten im Sinne einer ganzheitlichen Schau zusammentragen und sich völlig dem Verständnis der einmaligen, individuellen Persönlichkeit widmen. Ebendafür ist ein großes Maß an Intuition, die ja gerade eine weibliche Stärke ist, mit Sicherheit von Vorteil.

Teil I
Das Tierkreiszeichen

Wichtiges und Grundsätzliches

Die Erde dreht sich bekanntlich einmal im Jahr um die Sonne. Von uns aus gesehen, scheint es aber so zu sein, dass die Sonne eine kreisförmige Bahn um die Erde beschreibt. Der Astrologie wird vielfach vorgeworfen, sie ignoriere diesen grundlegenden Unterschied. In Wirklichkeit ist er für die astrologischen Horoskopdeutungen jedoch nicht von Bedeutung.

Diesen in den Himmel projizierten Kreis nennt man »Ekliptik«. Die Ekliptik wird in zwölf gleich große Abschnitte gegliedert, denen die Namen der zwölf Stern- bzw. Tierkreiszeichen zugeordnet sind. Zwischen 24. August und 23. September durchläuft die Sonne gerade den Abschnitt Jungfrau, weswegen dieses Tierkreiszeichen auch das »Sonnenzeichen« genannt wird.

Beginnen wir jetzt mit der Betrachtung des Sonnen- oder Tierkreiszeichens, dem dieser Band gewidmet ist, um zunächst einmal herauszufinden, was denn nun »typisch Jungfrau« ist.

Wie wird man eine Jungfrau?

Kinder des Himmels

Wer Anfang April um Mitternacht in südlicher Richtung in den Himmel schaut, sieht nahe am Horizont das große Sternbild Jungfrau. Natürlich braucht es etwas Phantasie, um aus den vielen Sternen einen liegenden Rumpf, zwei Beine, einen Arm und einen langgestreckten Hals mit Kopf zu erkennen. Auf sehr frühen Darstellungen wird dieses Sternbild als eine Frau abgebildet, die in jeder Hand Ähren hält. Adam Gefugius (1565) zeichnete sie als Engel mit einem der Erde zugewandten Gesicht. Albrecht Dürer (1471–1528) wiederum malte sie von hinten mit wehendem Faltenkleid und gewaltigen Engelsflügeln. Aber auf allen bekannten Darstellungen ist sie eingeschlungen in den Tierkreis (Zodiak), verbunden mit den beiden Schalen der Waage, und sie berührt mit dem Kopf den Leib des Löwen. Der hellste Stern, der fast genau auf der Ekliptik liegt, ist Spica, was »Ähre« oder »Kornähre« heißt. So verweist uns bereits das Sternzeichen am Himmel auf eine Verbindung zwischen Ernte, Reife und einer jungfräulichen Gestalt.

Das Himmelszeichen Jungfrau führt den Menschen in sehr tiefe und verborgene Räume seiner Seele. Es ist nicht einfach, darüber zu sprechen; man braucht vor allem Zeit und Offenheit. Aber wer sich einlässt, dem offenbart sich sein allerinnerstes Sein.

Kinder ihrer Jahreszeit

Wenn die Abende länger und kühler werden und der erste Nebel aus den Wiesen steigt, beginnt die Zeit der Jungfrau. Am Tag ist die Luft klar, weit reicht der Blick, nur manchmal gießen graue Wolken kalten Regen übers Land. Die Bäume halten in ihrem Wachstum inne und überlassen ihre letzte Kraft den Früchten, bis diese, gereift, loslassen vom Stamm. Die Blätter beginnen sich allmählich zu verfärben. Die Natur ahnt den Winter, obwohl er noch Monate entfernt ist. Tiere, die die kalte Jahreszeit verschlafen, richten sich ihr warmes Lager ein. Andere legen Vorräte an für die Zeit, in der die Erde ihre gebende Hand verschlossen hält. Die Vögel versammeln sich für ihren großen, gemeinsamen Flug in den Süden. Die meisten Jungtiere haben ihre Eltern verlassen und suchen sich einen eigenen Platz. Die einen finden ihn in einer großen Herde oder in einem Rudel, andere gehen ihren eigenen Weg, ohne den Schutz der erfahrenen, älteren Generation.

Kinder der Kultur

Die am spätesten reifenden Getreidearten wie der Hafer und verschiedene Erdfrüchte werden jetzt eingebracht. Am 24. August, dem Beginn der Jungfrauzeit, ist Bartholomäustag. Nach dem Volksmund wachsen jetzt die Fische und Nutztiere nicht mehr in die Länge, sondern setzen nur noch an Fleisch zu und dürfen daher bald geschlachtet werden. In Italien, Griechenland und anderen südlichen Ländern beginnt im September die Jagd.

Bei den übrigen kirchlichen Feiertagen ab September (Mariä Geburt am 8., Mariä Namen am 12. und Mariä sieben Schmerzen am 15. September) ist der Bezug zur Jungfrau schon vom Namen her gegeben. Der Lambertustag (17. September) gilt auf dem Land als Schlusstermin für die Ernte.

Auch im Altertum gab es im späten August und im September Erntedankfeste. Am 21. August gedachte man in Rom Ops, der Göttin des Überflusses, und am 25. August des Korngottes Consus. Dazwischen fanden Zirkusspiele statt. In Athen veranstaltete man um den 19. September zu Ehren der Kornmutter Demeter ein Fest. Sie wurde wie das Sternbild der Jungfrau immer mit Ähren dargestellt.

Während der Bauer wieder aufs Feld hinausgeht, der Städter nach seinem Urlaub in den Betrieb oder ins Büro zurückmuss, beginnt auch für die Kinder der Alltag der Schule wieder. Der Müßiggang des Sommers ist vorüber. Und wie sich die Natur auf den Winter vorbereitet, richtet auch der Mensch seinen Blick über den Augenblick hinaus: Wer die kalte Jahreszeit überleben will, muss jetzt die Tage nutzen. Nur wer vorwärtsschaut, an die Zukunft denkt, gewinnt gegen die Zeit. Im Zeichen Löwe ist der Mensch gefangen vom Augenblick, jetzt sieht er über ihn hinaus. Er weiß, dass sich erst morgen auszahlt, was heute getan wird.

Symbol ewiger Jugend

Wie das Tierkreiszeichen Zwillinge ist auch die Jungfrau ein Sinnbild aus dem Reich der Menschen. Der Name bzw. Archetyp taucht in Märchen, Mythen und in der Vorzeit unserer Geschichte auf. In manchen Kulturen sollen Jungfrauen geopfert worden sein, um grausame Götter milde zu stimmen. Oder sie verbrachten ihr Leben als Tempelpriesterinnen und hüteten wie die Vestalinnen Roms das heilige Feuer. Frauen, die ins Kloster gehen, werden als »Jungfrauen« bezeichnet; und natürlich denkt man bei dieser Bezeichnung besonders an die heilige Jungfrau Maria. Heute benennt man mit dem Begriff einen Menschen, der keinerlei sexuellen Kontakt hat, rein, unbefleckt, eben jungfräulich ist.

Zwischen den Welten

Jedes einzelne der Tierkreiszeichen symbolisiert eine bestimmte existenzielle Seinsweise, und jeder Abschnitt greift das Thema des vor ihm liegenden auf und entwickelt es weiter. Die Jungfrau ist das sechste Zeichen in diesem Zyklus. Unmittelbar vor ihr befindet sich der Löwe. Er verkörpert die Kulmination des Ichs. So wie der Löwe der König der Tiere ist, zeigen Löwegeborene etwas von einer königlichen Selbstverständlichkeit. Sie genügen sich, einmal idealtypisch betrachtet, selbst, leben im Hier und Jetzt und nehmen aus ihrer Umwelt nur das wahr, was zu ihrer Bedürfnisbefriedigung und Wunscherfüllung taugt.

Die Jungfrau als darauffolgendes Zeichen greift diese Thematik auf und führt sie weiter, indem sie die Ichhaftigkeit mit der Wirklichkeit aller anderen Existenzen und mit der Vergänglichkeit konfrontiert. Aus dem »Ich bin, was ich bin« des Löwen wird »Ich bin, was ich kann«, und aus dem »Ich lebe im Jetzt« wird »Ich lebe mit der Zeit, die ist und die kommt«. Die Jungfraumenschen kennen zweifelsohne das Löweprinzip, sie tragen es in sich, aber sie haben es zugleich verloren, weil sie wissen, es ist nicht das einzige und allein gültige. Dass sie über das Hier und Jetzt hinausschauen können, macht sie weise, aber auch melancholisch, nachdenklich und verhalten. Sie haben sozusagen das »Paradies der Selbstverständlichkeit« verloren.

Mit der Jungfrauzeit weicht der Sommer. Die ersten Nebel künden vom Wechsel der Jahreszeit. Obwohl er noch Monate entfernt ist, mahnt der Winter.

Auf das menschliche Leben bezogen, spiegelt der Löwe die herrliche Zeit der Sechs- bis Zehnjährigen wider, dieses in der Regel kolossale ungebrochene Selbstverständnis, dieses selige Gefühl, ein Leben ohne Ende zu genießen. Die Jungfrau steht für die Pubertät und die Freuden des Erwachsenwerdens. Sie symbolisiert aber auch die Qual der Erkenntnis, immer älter zu werden und irgendwann zu vergehen. Die Endlichkeit des Lebens und das Wissen um den Zyklus Geburt, Kindheit, Jugend, Alter, Tod ist ein zentrales Thema der Jungfraumenschen.

Auf die Jungfrau folgt die Waage, welche die Vollendung des Außenraums, des Du, die anderen symbolisiert. Dieses Du und auch die Wirklichkeit draußen (der beginnende Herbst sowie der sich mit ihm ankündigende Winter, das Alter und der Tod), das alles steht vor dem Jungfrausymbol wie ein riesengroßes Frage- und Ausrufezeichen zugleich. Hautnah berührt es die Jungfrau, es mahnt und droht.

Bildlich gesprochen könnte man die Zeichen Widder bis Löwe auch mit den Bewohnern einer Stadt vergleichen, die von hohen Mauern umgeben ist. Die Zeichen Waage bis Fische wiederum wären dann die Leute außerhalb. Innerhalb herrschen Frühling und Sommer, pulsiert das Leben. Außerhalb sind Herbst und Winter, dort wohnen die Angst, die Nachdenklichkeit, das Alter und der Tod. Diejenigen, die innerhalb der Stadtmauern leben, kümmert es wenig, was draußen geschieht. Selbst wenn einer von ihnen stirbt, nimmt ihnen das höchstens vorübergehend das herr- liche Gefühl, am Leben zu sein. Die draußen Verweilenden wiede- rum können zwar in die Stadt hinein, aber das Leben dort interes- siert sie wenig, es erscheint ihnen zu »platt«, zu unbeschwert, zu seicht, zu wenig tief. Natürlich kennen auch die von außerhalb, also die Tierkreiszeichen Waage bis Fische, das Gefühl ausgelasse- ner Freude, aber eher flüchtig, sie wissen, dass »Spaß ohne Ende« und ein Leben von Moment zu Moment keine zentralen Themen des Daseins sind.

Die Jungfrau befindet sich am Übergang. Sie ist sowohl drinnen in der Stadt als auch draußen. Sie kennt und lebt die unbeschwerten Freuden genauso wie Tiefe und Vergänglichkeit. Sie gehört jedoch weder richtig zum inneren noch zum äußeren Kreis. Sie hat eine eher neutrale Position, beobachtet, nimmt wahr, zieht daraus Schlüsse, versucht zuweilen, die von »drinnen« mit jenen von »draußen« zu verbinden, eine Verständigung herzustellen. Ja, in der Tat, die Jungfrau ist die Einzige im ganzen Tierkreis, die alle ande- ren versteht. Das Wort »Vernunft«, aus dem Alt- bzw. Mittelhoch- deutschen für das »Vernehmen, Erfassen, Wahrnehmen«, ist das Kennzeichen der Jungfrau, ebenso das Wort »verstehen« im Sinne von »den Verstand gebrauchen« und »an (jemandes) Stelle stehen«. Das Jungfrauzeichen symbolisiert Übergang, Distanz, Vorsicht (gemeint als »voraussehen, was kommt«) und Einsicht (verstanden als »einsehen und fühlen, was drinnen vor sich geht«).

Aber dies isoliert die Jungfrau auch. Sie fühlt sich nirgends richtig zugehörig, zu Hause. Ihr zuweilen melancholischer Zug hat hier seine Wurzeln; die Jungfrau ist traurig, weil sie irgendwie stets zwischen den Stühlen sitzt. Auch ihre Bescheidenheit beruht darauf. Sie überlässt anderen den Vortritt, und sie stellt häufig ihr Licht unter den Scheffel – weil sie sich nicht so wie die anderen erlebt.

Ein weiteres Beispiel, das die uneindeutige Existenz der Jungfrau beschreibt, ist das mythische Symbol des Merkur oder Hermes, wie er bei den Griechen hieß. Das gleichnamige Gestirn ist der herrschende Planet des Jungfrauzeichens. Er gilt als Vermittler zwischen den Welten, nämlich der göttlichen und der menschlichen.

Hermes bzw. Merkur war der Sohn von Zeus und der Nymphe Maia. Als Götterbote besaß er geflügelte Sandalen und einen geflügelten Hut, und er trug einen goldenen Kerykeion oder magischen Stab. Hermes überbrachte also den Willen seines Vaters Zeus. So führte er zum Beispiel in dessen Auftrag Hera, Athene und Aphrodite zum Idagebirge, wo Paris, der Sohn des Priamos, seine schwierige Entscheidung treffen musste, den goldenen Apfel der schönsten der Frauen zu überreichen, was später zum Trojanischen Krieg führte.

Merkur kann man also auch als so etwas wie einen »Doppelagenten« auffassen, zu Hause bei den Menschen wie bei den Göttern. Und ähnlich ist auch das Jungfrauprinzip nirgends richtig daheim.

Dichter und Denker

Was wird nun aus solchen Menschen, die im Zeichen der Jungfrau geboren sind? Wie gehen sie um mit diesem Widerspruch, sowohl »drinnen« (oder unter den Menschen) als auch »draußen« (oder unter den Göttern) zu sein, zugleich aber weder dem einen noch dem anderen anzugehören?

An erster Stelle stehen Denker. Die Position, zwischen den Welten zu stehen, prädestiniert Jungfraugeborene dazu, über das Leben nachzudenken, zu versuchen, den Sinn des Daseins zu erfassen und zu verstehen. Im Unterschied zu Waagemenschen, die dem Leben ebenfalls rational begegnen, kennt die Jungfrau auch das innige Gefühl von »drinnen« (aus der »Stadt« der Zeichen Widder bis Löwe). Von daher ist die Jungfrau keine abstrakte Denkerin wie die Waage, sondern eine gefühlvolle, keine, welche die Wirklichkeit nur beschreibt, sondern eine, die sie auch fühlt. Auf diese Eigenschaft trifft man bei Lyrikern und Dichtern, und wir sind damit beim Dichterfürsten schlechthin angelangt, dem Jungfrau-geborenen Johann Wolfgang von Goethe. Wie wohl kein anderer verstand er es, die Wirklichkeit sachlich und dennoch gefühlvoll zu erfassen, objektiv und zugleich subjektiv zu sein. Selbst in seinen wissenschaftlichen Studien, zum Beispiel der Farbenlehre, spielt die Subjektivität und damit die Gefühlswirklichkeit eine zentrale Rolle.

Hier noch einige andere Jungfrauberühmtheiten der schreibenden Zunft: der Erzähler Eduard Mörike, der Bestsellerautor Stephen King, der Dichter Theodor Storm, die Schriftsteller James F. Cooper, Leo Tolstoi und Franz Werfel.

Ein weiteres Lieblingsfach von Jungfraumenschen ist Philosophie. Mir sind zwar nur zwei berühmte Philosophen unter den Jungfrauen bekannt, nämlich Georg Wilhelm Friedrich Hegel und Johann Gottfried von Herder, aber ich bin überzeugt davon, dass in jeder Jungfrau ein (mehr oder weniger entwickelter) Philosoph steckt. Das Leben und die Welt zu begreifen, über ihr zu stehen und zugleich mittendrin zu sein, das ist ihre Position. Und diese Stellung veranlasst sie zum Philosophieren.

Stets in Alarmbereitschaft

Was machen Jungfrauen noch? Sie werden Strategen. Im Grunde sind die 24 Stunden eines Tag-und-Nacht-Zyklus für einen Jungfraugeborenen mehr oder weniger ein Unternehmen, das zwar meistens aus Routine besteht, aber zu jeder Sekunde in einen Kampf übergehen kann. Daher ist bei allen Vertretern dieses Zeichens die Alarmanlage ständig eingeschaltet. Selbst wenn sie schläft, kann die Jungfrau nicht sicher sein, dass nicht irgendetwas Unvorhergesehenes geschieht. Daher schläft sie nie tief und kann sich innerhalb von Sekunden aus einem Schlaf in den Wachzustand katapultieren.

Während einer Therapiesitzung mit einer Jungfrau trat diese »Allzeit-bereit-Mentalität« besonders deutlich zutage. Der Mann war ein Schlafwagenschaffner. Seine Aufgabe bestand unter anderem darin, nachts wach zu bleiben und die Gäste zu betreuen. Damit diese Zugbegleiter während der Dienstzeit nicht ein Nickerchen machen – was streng verboten ist –, werden sie vom Zugschaffner in unregelmäßigen Abständen kontrolliert. »In meiner zehnjährigen Dienstzeit habe ich jede Nacht geschlafen, und zwar liegend«, sagte er mir einmal. »Ich wurde viele hundertmal kontrolliert. Aber niemand hat mich je schlafend angetroffen. In der Sekunde, bis die Tür zu meinem Abteil richtig geöffnet war, saß ich bereits aufrecht auf meiner Liege mit einem Block in der Hand.«

Stets die richtige Strategie parat zu haben und mit allem zu rechnen, das braucht man zum Beispiel ebenso beim Fußball, wo sich Meisterschaften auch in taktischen Spielen erschöpfen. Ist es da verwunderlich, dass Franz Beckenbauer, der »Kaiser«, eine Jungfrau ist? Im gleichen Atemzug ist Günter Netzer zu nennen, der große internationale Meisterschaftsspiele durch gekonnte Strategieanalysen im Fernsehen kommentiert.

Und in noch eine Tätigkeit lässt sich diese Sichtweise einbringen – in die Astrologie. Ein Astrologe muss überall zu Hause sein, damit er beispielsweise einen Widder genauso verstehen kann wie einen Fischegeborenen. Dabei reicht es nicht, wenn er über die einzelnen Tierkreiszeichen theoretisch Bescheid weiß; er will ja jedem einen Weg zeigen können. Er muss sich daher auch in die Situation des anderen hineinspüren.

Waagemenschen sind ebenfalls Meister darin, sich in andere hineinzuversetzen. Im Unterschied zu Jungfraugeborenen benutzen ihre typischsten Vertreter aber überwiegend den Verstand; sie sind damit zweifelsohne objektiver und genauer, doch es fehlt ihnen der emotionale Bezug, den wiederum die Jungfrau überaus vortrefflich herstellt. Waagen sind daher phantastische Rechtsanwälte, Jungfrauen hingegen werden gute Psychologen und – wie gesagt – Astrologen. Einige Beispiele: Walter Koch, nach dem das gleichnamige Häusersystem benannt wurde, Fritz Riemann, der als Psychoanalytiker und Astrologe der Astrologie zu einem deutlich besseren Ruf verhalf, Liz Greene, die durch zahlreiche Veröffentlichungen und Seminare in der ganzen Welt bekannt ist.

Natürlich werden Jungfrauen mit ihrer Fähigkeit, objektiv und subjektiv zugleich sein zu können, nicht nur Schriftsteller, Fußballtrainer und Astrologen, sondern – und das viel häufiger – Wissenschaftler, Organisatoren, Verwaltungsfachleute, Sekretärinnen und Ähnliches, aber darüber wird im Kapitel »Beruf und Karriere« ausführlich gesprochen.

Das Allroundgenie

Jungfraumenschen sind also überall und nirgends zu Hause. Das macht sie unglaublich anpassungs- und wandlungsfähig. Vielleicht sind sie das wandelbarste Tierkreiszeichen überhaupt. Es ist ihre große Kunst, sich an äußere Bedingungen heranzutasten und sie zu übernehmen. Es wäre jedoch unfair, ihnen ein »Wetterfahnensyndrom« vorzuwerfen oder zu behaupten, sie hängten ihr Mäntelchen nach dem Wind. Nein, ganz falsch! Sie sind wandelbar, weil sie mehrere Persönlichkeiten in sich tragen. Ihr großes »Vorbild« ist der bereits erwähnte sagenhafte Hermes/Merkur. Er tritt mit dermaßen vielen Gesichtern auf, dass man sich fragt, wie sich das alles vereinbaren lässt: Er führte die Seelen der Toten in die Unterwelt. Er besaß magische Kräfte über Schlaf und Träume. Hermes war auch der Gott des Handels sowie der Beschützer der Händler und Herden. Als Gott der Athleten sorgte er für den Schutz der Sportstätten, und man machte ihn für Glück und Wohlstand verantwortlich. Trotz seiner tugendhaften Eigenschaften war Hermes auch ein Gauner und Dieb. Noch am Tag seiner Geburt stahl er das Vieh seines Bruders, des Sonnengottes Apollon, und verwischte die Spuren, indem er die Herde rückwärts laufen ließ. Als er zur Rechenschaft gezogen wurde, gab Hermes dem Bruder die Leier, die er ebenfalls am Tag seiner Geburt erfunden hatte. Somit gilt er auch als der Schutzpatron aller Barden und Bänkelsänger.

Ist also die Vielseitigkeit der Jungfrau als Einzelwesen schon beachtlich, so kann man über ihre Variabilität innerhalb der »Gattung« nur noch staunen. Meines Erachtens gibt es kein anderes Tierkreiszeichen, das so unterschiedliche Persönlichkeiten aufweist. Gerade deswegen, weil das Zeichen selbst keinen bestimmten Charakter oder Typus verlangt, können sich Jungfraumenschen freier entwickeln als andere: Der durch seine scharfen und feinsinnigen Analysen bekannte CDU-Politiker Wolfgang Schäuble, der ehemalige politische Poltergeist aus Bayern, Franz Josef Strauß, die Schauspieler(innen) Sean Connery, Greta Garbo, Mario Adorf, Sophia Loren, Ingrid Bergman, Raquel Welch oder Richard Gere, der durch seine »Magic Shows« bekannt gewordene Illusionskünstler David Copperfield, der Extrembergsteiger Reinhold Messner, der Dirigent und Komponist Leonard Bernstein, die Pädagogin und Ärztin Maria Montessori, der Märchenkönig Ludwig II., der Langstreckenläufer Emil Zátopek, die TV-Moderatorin Sabine Christiansen, die Nonne Mutter Teresa, der Popstar Michael Jackson, das Topmodel Claudia Schiffer und ihr »Entdecker« Karl Lagerfeld sowie die bereits erwähnten Jungfraugeborenen Beckenbauer und Netzer.

Die Guten ins Töpfchen, die Schlechten ins Kröpfchen

Wie noch an anderer Stelle ausführlich erörtert wird (siehe das Kapitel »Die Jungfrau und ihre Gesundheit«), symbolisiert das Jungfrauprinzip in der Astromedizin den Vorgang der Verdauung im Darm. Diesem Organ obliegt die Aufbereitung und Aufnahme von lebenswichtigen und die Ausscheidung der nicht verwertbaren Stoffe. Der Verdauungsvorgang wird hier lediglich deshalb erwähnt, weil er aufs Trefflichste einige weitere Charaktereigenschaften der typischen Jungfrau widerzuspiegeln vermag.

Genau wie der Darm auf einer Strecke von etwa vier bis sieben Metern den Speisebrei aufnimmt, umschließt und verarbeitet, so begegnen auch Jungfrauen dem Leben aufnehmend, anpassend, verarbeitend und selektierend. Und ebenso wie die Darmtätigkeit niemals ruht, sondern durch den ununterbrochenen Vorgang der Peristaltik den Speisebrei weiterbefördert, so ist auch die Jungfrau entweder mit Füßen, Händen oder wenigstens in Gedanken ständig aktiv. Selbst im Tiefschlaf ist sie »auf dem Posten«. Dabei hat sie eine unglaublich rasche Regenerationsfähigkeit; sie kann bis zur Erschöpfung arbeiten, erholt sich dann aber wieder in kürzester Zeit.

Der normale Arbeitstag einer Jungfrau ist in jedem Fall länger als der aller anderen. Ich kenne Jungfrauen, die bis zu sechzehn Stunden am Tag schaffen, und zwar werk- wie sonntags. Das klingt nur schrecklich, wenn man nicht mit einbezieht, dass die Jungfrau gern arbeitet und im Beruf ihre Lebenserfüllung sieht – was er aus astrologischer Sicht auch tatsächlich ist.

Sind im Darm keine verwertbaren Stoffe mehr enthalten, setzt er Alarmsignale und versucht, diesen Zustand so rasch wie möglich zu beenden. Ganz ähnlich reagiert die Jungfrau, wenn der Lebensstrom um sie herum versiegt. Für sie wird es schier unerträglich, wenn nichts los oder sie allzu oft allein ist. Sie braucht eine bestimmte psychische Reizung, damit sie sich nicht überflüssig und leer vorkommt. Sie beschleicht ebenso rasch das Gefühl, etwas zu versäumen, wobei diese Angst wiederum eine sinnbildliche Übertragung der Darmtätigkeit ist. Im Darm werden nämlich zunächst einmal grundsätzlich alle Stoffe auf ihre Verwertbarkeit hin untersucht.

Genauso wichtig ist es aber auch, dass man die Jungfrau nicht mit Eindrücken überhäuft, weil sie ansonsten in ihrer selektierenden Systematik überfordert wird. Sie reagiert auf Reizüberflutung schnell panisch und desorientiert.

Im sozialen Verbund fallen Jungfrauen durch ihre Kritikfähigkeit auf. Einen Vorschlag oder eine gewagte Idee untersuchen sie zuerst auf eventuelle Fehler hin. Sie übernehmen also auch im sozialen Leben eine Funktion vergleichbar der Darmwand, die den Organismus davor bewahren möchte, schädliche Stoffe aufzunehmen:

Jungfrauen sind allem Neuen gegenüber grundsätzlich skeptisch und beginnen zuerst mit einer Analyse, bis sie das Neue in bekannte Teile zerlegt haben. Jede Jungfrau folgt in ihrem Leben – wieder ähnlich dem Darm – einem Ordnungsprinzip. Allerdings darf man die Systematik und Ordnung von Jungfrauen nicht zu oberflächlich verstehen, sonst ist man immer wieder verwundert über ihre äußerliche Unordentlichkeit. Eine schriftstellerisch tätige Jungfrau kann in einem totalen Chaos leben und trotzdem immer finden, was sie sucht. Genauso kann sie es als unsinnig erachten, das Geschirr nach dem Abspülen einzuräumen. Warum auch? Es wird ja doch wieder benutzt …

Letztlich ist die Darmtätigkeit ein wichtiger Schritt in der Kette der Verwandlung »toter« Materie in Muskelkraft, Herzschlag, Gehirntätigkeit – mit einem Wort: in Leben. Die Verdauung ist im Grunde ein Wunderwerk der Lebenserschaffung und -erhaltung. Und so begegnet auch eine Jungfrau der Schöpfung stets mit Respekt, ja mit Andacht. Sie ahnt, dass sie eine Funktion in der Gemeinschaft hat: dem Leben zu dienen, das Niedere zu erhöhen, aus Stofflichem Leben zu schaffen, letzten Endes Materie in Geist zu transformieren.

Liebe, Sex und Partnerschaft

Unter einer Jungfrau versteht man im allgemeinen Sprachgebrauch eine Frau, die noch nie einen Geschlechtsakt gehabt hat, also »unbefleckt« ist, wie es auch heißt – für ein junges Mädchen ein völlig natürlicher Zustand. Bei einer Frau, an der, sagen wir einmal, über zwanzig oder dreißig Lenze vorbeigingen, ohne dass sie jemals mit einem Mann »geschlafen« hätte, ist dies eher ungewöhnlich. Es gibt allerdings Menschen, denen man das Jungfrausein selbst im hohen Alter nicht nur nachsieht, sondern denen man deswegen sogar besondere Ehre zuteilwerden lässt: Klosterfrauen, die sich einem zölibatären Lebenswandel verpflichtet haben. Die höchste Form dieses Keuschheitsideals verkörpert nach christlicher Auffassung die Jungfrau Maria, deren unbefleck-ter Empfängnis Jesus Christus entstammt. Aus vergangener Zeit erreicht uns aber auch noch das Bild von anderen »Jungfrauen«: solche, die in Tempeln lebten und in der Kunst der Liebe ausgebil-det waren. Zu ihnen gingen Männer, um dort höchste sexuelle Befriedigung und Erfüllung zu erlangen.

Ein(e) Jungfraugeborene(r) trägt all diese Spielarten des »Jung-frauseins« in sich. Zunächst verhält er/sie sich der Liebe gegen-über tatsächlich wie pubertierende Dreizehnjährige, die zum ers-ten Mal eine Packung mit Präservativen sehen. Alles, was mit Sex, Liebe, Nacktheit, Vereinigung, Verhütung, dem Kindermachen und -bekommen zu tun hat, löst viele Ahs, Ohs und Ihs aus. Das heißt nicht, dass Jungfrauen prüde wären. Im Gegenteil! Aber sie begegnen der Liebe mit einer Mischung aus Unschuld, Naivität und Kindlichkeit. Egal, wie oft eine Jungfrau schon verliebt war, für sie ist es jedes Mal wieder wie das erste Mal. Und gleichgültig, mit wie vielen Männern bzw. Frauen sie schon im Bett war, immer wieder zelebriert sie es, als handle es sich um ihre absolute Liebespremiere. Das ist das Reizende an ihr, sie bleibt innerlich jung, frisch, verliebt wie ein Backfisch – selbst wenn sie hundert Jahre alt werden sollte.

Vor einiger Zeit verfasste ich einen astrologischen Beitrag für eine Frauenzeitschrift. Anhand einer Tabelle konnten die Leserinnen ihre eigene Venusposition herausfinden. Aus Platzgründen reichte die Tabelle nur bis zum Jahr 1950. Man bot aber den anderen Leserinnen an, sie könnten sich beim Verlag – und damit bei mir – ihre Venusposition berechnen lassen. Es kam eine wahre Flut von Anfragen, darunter auch von Damen, die bereits über achtzig Jahre alt waren. Neugierig geworden, stellte ich eine kleine Statis-tik auf. Von den Leserinnen, die ihre Siebzigerjahre bereits hinter sich gelassen hatten, waren die Jungfraugeborenen weit in der Überzahl. Bei insgesamt zwölf möglichen Positionen hätte man rein statistisch nur ein Zwölftel Jungfrauen erwarten dürfen.

Im ungünstigen Fall kann einem diese ewige »Jungfräulichkeit« allerdings auch ganz schön auf die Nerven gehen, beispielsweise dann, wenn man Intimität, Hingabe und Leidenschaft sucht und immer wieder am Anfang steht.

Während es – darauf würde ich wetten – unter Jungfraugeborenen bestimmt nicht mehr echte Jungfrauen gibt als unter den anderen elf Tierkreiszeichen, existieren unter ihnen unverhältnismäßig viele Menschen, die keine eigenen Kinder haben. Das bedeutet nicht, Jungfrauen seien schlechte Väter oder Mütter. Es besagt nur, dass sie offenbar einen geheimen Plan erfüllen, nämlich sich nicht durch Vater- oder Mutterpflichten von ihren eigentlichen Aufgaben zu entfernen, die da lauten: allzeit bereit und offen zu sein und dem Höheren zu dienen! Sie übernehmen hingegen gern den Nachwuchs anderer Leute. Ich kenne zig Jungfrauen, die Kinder adoptiert oder einen Partner gewählt haben, der bereits seine eigene Nachkommenschaft hatte. Damit ist die Jungfrau wieder »im Plan«, sie greift eine Aufgabe auf und löst sie praktisch. Jungfrauen, die selbst Kinder in die Welt setzen, tun dies fast nie »für sich«, sondern für ihren Partner, ihre Eltern oder Schwiegereltern.

Jungfrauen bekommen zuweilen tatsächlich auch auf eine Art Sprösslinge, die zumindest vom Muster her an die heilige Jungfrau Maria erinnern: Das Baby ist zum Beispiel von einem Mann gezeugt, den sie nur einmal kurz getroffen haben, vielleicht sogar lediglich während dieser alles entscheidenden Liebesnacht. Oder sie verbinden sich mit einer Frau, die bereits von einem anderen Mann schwanger ist.

Der Astro-Flirt

Der Sommer ist vorbei, wenn Jungfrauen auf Erden »landen«, und damit auch die Zeit, in der man nach Lust und Laune sein kann, wie es einem gerade zumute ist. Jetzt überleben nicht mehr die Grillen, die schön sind und wundervoll singen, sondern die Ameisen, die arbeiten! Nein, unter den typischen Jungfrauen finden Sie keine Don Juans und keine Barbarellas, sie sind schüchtern. Sie wissen ja nicht einmal richtig, wohin sie gehören und wer sie sind, geschweige denn, wie man Kontakt zu einem anderen Menschen aufnimmt, wie man Beziehungen stiftet, wie man küsst ... Sie verhalten sich auch ungeschickt, haben beim ersten Rendezvous einen Fleck auf dem Hemd und stolpern, wenn sie jemanden zum Tanz auffordern, über ihre eigenen Beine.

Derartige Fehler sind die Folge ihrer Überkontrolle. Weil sie ihre Unsicherheit überspielen und versuchen, ganz natürlich zu sein, schießen sie einen Bock nach dem anderen. Woody Allen ist zwar vom Sonnenzeichen her ein Schütze, aber sein Aszendent ist die Jungfrau. Und den lebt er wohl vor allem in seinen Filmen aus – diese sind wiederum ein »Muss« für alle Jungfraugeborenen und Menschen, die Jungfrauen lieben.

Dazu kommt, dass eine Jungfrau sich selbst eher schlechtmacht als aufbaut. Wie soll man da auf einen anderen Menschen zugehen und ihm sagen, dass man ihn liebt? Für ihre Beziehungsfähigkeit hinsichtlich der Kontaktaufnahme bekommt sie daher eine glatte Vier. Umso größer ist dann aber die Freude, wenn der andere sich wegen der Liebesbezeugung einer Jungfrau nicht umdreht oder lauthals loslacht, sondern seine Arme ausbreitet und sein Herz öffnet: Sie ist dann im siebten Himmel. Und da der andere in aller Regel weitaus weniger kritisch ist als sie selbst, erlebt eine Jungfrau während des Verliebtseins einen wahren Sommerregen an wunderschönen Gefühlen.

Kann sie gut flirten, die Jungfrau? Eher nicht! Angenommen, man sitzt in einer Bar und bemerkt einen Mann mit einem Rotweinglas in der Hand. Er gefällt sich offensichtlich in der Rolle des distanzierten Beobachters. Die Blicke treffen sich zwar öfter, doch ist er nun interessiert oder nicht? Erst wenn man sich fast schon abwenden will, kommt er auf einen zu und eröffnet das Gespräch mit den Worten: »Finden Sie nicht auch, dass der Rotwein zu viel Säure hat?« Jetzt weiß man, dass man einem Jungfraumann gegenübersteht. Nun braucht er ein bisschen Ermunterung. Er lässt sich ja gern verführen. Aber man gebe ihm nie das Gefühl, man wolle ihm die Zügel aus der Hand nehmen. Das kann er nicht ausstehen (denn er fühlt sich innerlich ohnehin unterlegen).

Dieses Beispiel könnte ohne weiteres auch mit vertauschten Rol-

len so ablaufen, also mit einer Jungfrau-Eva. Es beweist, dass Flirten nicht die Königsdisziplin von Jungfraugeborenen ist. Sie zeigen sich dabei eher ungeschickt, und sie sind endlos dankbar für
jede erdenkliche Hilfe. Eins muss allerdings noch hinzugefügt
werden: Mit ein bisschen Alkohol ist schon aus so mancher
»schüchternen Jungfrau« ein wahrer Meister geworden. Alkohol
enthemmt sie – aber in aller Regel nie so sehr, dass sie völlig die
Kontrolle verliert.

Sind Jungfrauen gut im Bett?

Kommen wir jetzt zu jenen geheimnisvollen Tempelfrauen, den
Liebeskünstlerinnen oder auch -dienerinnen, die in jeder Jungfrau schlummern. Aus der fernen Vergangenheit weiß man wenig:
Bruchstücke von Informationen, mehr Mythen als Fakten. Immer
geht es dabei um Frauen, die verpflichtet waren, der Liebe zu dienen. Männer hatten Zugang zu diesen Tempeln und wurden wohl
aufs Köstlichste bedient, erfuhren unvorstellbare Wonnen, Badeorgien, Essgelage, Körpermassagen, Verkehr mit mehreren Frauen
zugleich …
Was sich aus der Vergangenheit nur wie ein Gerücht erhalten hat,
wurde in der Seele allerdings sehr viel gründlicher aufbewahrt
und weitergegeben. Wer die tieferen Schichten seiner Psyche
bereist, findet auch diesen Aspekt der Liebesdienerin und -göttin.
Sie schlummert in jedem Menschen, ist jedoch bei Jungfrauen
besonders ausgeprägt.
In der Praxis sieht es so aus, dass die Vertreter dieses Tierkreiszeichens mehr als alle anderen an Liebestechniken interessiert sind –
allerdings, und das muss betont werden, nicht an seelenloser
Nummernakrobatik. Vielmehr praktiziert die Jungfrau beim Liebesspiel das Gleiche, was sie auch sonst im Leben versucht: ihre
Emotion zu kontrollieren, dieses Mal aber nicht, um sie zu unterbinden, sondern zu kultivieren. Die Jungfrau macht Liebe und
lernt dabei, es immer besser zu machen, weil sie ihren jungfräulichen »Kontrolletti« niemals ganz ausschaltet: Sie spürt mit, ist
bewusst, fällt nicht in einen schier bewusstlosen Sinnentaumel.

So, als würde sie ein wunderschönes Instrument zu spielen lernen, so, als ginge sie in eine Liebesschule. Neugierig wie ein Kind untersucht sie ihren Körper und den ihres/ihrer Geliebten, experimentiert, um herauszufinden, welche Stellen am meisten Spaß machen und Lust bereiten.

Scheinbar leidenschaftslos studiert sie neue Stellungen, probiert immer wieder andere Stimulationen, spielt mit ihren Händen, ihren Lippen, ihrer Zunge, alles will sie kennenlernen. Jungfrauen haben allesamt das Zeug zum Tantriker, sie lieben Techniken, wie sie im Kamasutra beschrieben sind. Sie glauben, dass Liebe und Sexualität nicht nur dafür geschaffen wurden, um Nachfahren zu zeugen. Sie sind überzeugt, dass durch Liebe ein höherer Zustand von Bewusstheit erreicht werden kann. Sind das nicht wundervolle Voraussetzungen, um mit einer Jungfrau Liebe zu machen?

Sind Jungfrauen gute Partner?

Hat man sich auf eine Jungfrau eingelassen und kommen dann Alltag und Routine, mausert sich die Jungfrau normalerweise zu einem tollen Partner. Sie ist verständnisvoll, kompromissbereit, einfühlsam, bescheiden. Ein Jungfraumann spielt niemals den Pascha, und eine Frau wird sich niemals wie ein Matrone aufführen und ihren Mann zum Handlanger und Sklaven degradieren.

Für ihre Beziehungsfähigkeit gibt es daher eine glatte Zwei. Warum es zu keiner Eins reicht? Weil die Jungfrau trotz allen Verständnisses zuweilen kritisch bis zur Schmerzgrenze sein kann, und je länger die Bindung währt, umso mehr Gebrauch macht sie von dieser Beckmesserei. Sie mischt sich überall ein, und sie krittelt an allem herum. Er: »Bist du wahnsinnig, du fährst wieder viel zu weit links!« Sie: »Zieh bloß das Hemd aus, das steht dir ja überhaupt nicht!« Er: »Bist du verliebt? Der Salat ist versalzen!« Sie: »Mach was gegen deinen Mundgeruch!« Und so weiter und so fort – bis in alle Ewigkeit …

Ehrlich, das Zusammenleben mit ihr wäre die Hölle, würden nicht neunzig von hundert Jungfrauen selbst darunter leiden und sich immer wieder für diese Unart entschuldigen. Partner von Jungfrauen brauchen daher ein dickes Fell. Nur wenn sie wissen, dass es letztlich gar nicht so gemeint ist, dass diese Kritiksucht dem Überlebensprinzip der Jungfrau entstammt, können sie dennoch mit ihr zusammenleben.

So hält man Jungfrauen bei guter Laune

Im Grunde ist die Jungfrau »pflegeleicht«, sie stellt keine großen Ansprüche. Die wohltemperierte Mittellage ist ihr am liebsten. Das heißt, sie braucht jeden Tag ihren Kuss und einen Partner, der sie freundlich anlächelt, wenn man sich morgens sieht, will hören, dass sie ein toller Mensch ist, und besteht in schöner Regelmäßigkeit auf ihrem Sex – nicht zu viel, nicht zu wenig. Sie will keinen Partner, der sie mit Liebkosungen zudeckt und beim Liebesakt vor Lust so röhrt, dass die Nachbarn an die Wand trommeln. Gleichmäßigkeit hebt ihr Lebensgefühl, übertriebene Liebe genau wie Gleichgültigkeit töten ihre Lust.

Sie richtet sich mehr oder weniger stillschweigend nach ihrem Partner, verlangt das Gleiche aber auch von ihm bzw. ihr: Endlos lange Diskussionen darüber, ob eine Sache so oder so zu erledigen ist, sollte man deshalb meiden.

Ihr Partner soll Ordnung und Sauberkeit verbreiten, das macht sie froh. Dass die Jungfrau – wie schon erwähnt – ein recht gebrochenes Verhältnis zu diesen Sekundärtugenden hat, ist allerdings kein Widerspruch: Sie selbst kann im Chaos leben, aber von ihrem Partner erwartet sie Zuverlässigkeit und Ordnung.

Worauf sie noch steht, ist Pünktlichkeit; sie hasst es, wenn sie warten muss. Große Augen kriegt sie, wenn man sie verwöhnt. Das ist ein Geschenk, das man ihr manchmal machen sollte: ihr völlig unerwartet etwas mitbringen zum Beispiel oder sie mit einer besonderen Sextechnik überraschen. Aber man muss diese Mittel sparsam einsetzen, damit es ihr nicht zu viel wird.

Abstand vom Alltag – notfalls auch mit sanfter Gewalt herbeigeführt – gehört zu den wichtigsten Aufgaben ihres Partners. Die Jungfrau hat nämlich die Arbeitsmoral eines Bienengeschwaders und gönnt sich selbst nur unzureichende Phasen der Entspannung. Das bedeutet wiederum auch Schwerstarbeit für den Partner. Deshalb ist jede List erlaubt, um sie vom Arbeitsplatz wegzulotsen. Denn dass jenseits von PC, Hobbyraum und Küche eine Menge andere Vergnügen und Frohsinn warten, merkt die Jungfrau erst, wenn dies alles außer Reichweite ist. Weise Jungfraubegleiter »verbieten« ihren Partnern daher ein Handy, damit sie wenigstens im Urlaub und beim Wochenendausflug zur Ruhe kommen.

Last, not least, sind Jungfrauen Eigenbrötler. Sie haben ihre Gewohnheiten, ihren Rhythmus und ihr Tempo. Man tut gut daran, das zu respektieren. Denn die Jungfrau gibt zwar um des lieben Friedens willen nach, wenn es zu einem Konflikt kommt, aber sie registriert jeden Verzicht, den sie leisten muss, und irgendwann ist das Maß voll – und die Jungfrau auf und davon bzw. bei einem Menschen, der ihr gegenüber scheinbar toleranter ist.

Über die Treue der Jungfrau

Wenn man mit dem Wörtchen »Jungfrau« spielt: Denkt nicht jeder an einen Unschuldsengel, der unverbrüchlich und standhaft zu seinem Partner steht? Von wegen! Einer typischen Jungfrau gegenüber kann man gar nicht misstrauisch genug sein. Nicht, dass sie ihren Partner belügen würde, wenn sie Treue schwört. Sie meint es schon so! Aber sie hat es auch wieder vergessen, sobald sie eine andere Gelegenheit ahnt. Die Jungfrau in Reinkultur hat kein Standvermögen – weder im sonstigen Leben noch bei der Liebe.

Man kann das »Schwäche«, »Opportunismus«, »Wankelmut« oder wie auch immer nennen, in Wirklichkeit ist es ihr Naturell, mit den Gegebenheiten zu schwimmen. Sie ist heute mit ihrem Partner ein Herz und eine Seele, öffnet sich, gibt sich ganz der Beziehung hin. Und trifft sie morgen einen anderen Menschen, von dem sie sich geliebt fühlt, blüht sie in dieser Liebe auf. Ich kenne viele Partner von Jungfrauen, die an diesen unschuldigen, liebevollen – liebestollen – Geschöpfen schier verzweifelt sind.

Das Eifersuchtsbarometer

So leicht die Jungfrau sich selbst in ein Liebesabenteuer begibt, so empfindlich reagiert sie, wenn ihr Partner mit anderen herumtändelt. Mit leidenschaftlichen Eifersuchtsszenen »nach Art der Sizilianer«, bei denen schon mal Porzellan zu Bruch geht, wird sie sicher nicht reagieren. Sie wird herumnörgeln, kritisieren und sich sogar bis zum Othello-Syndrom (Eifersuchtswahn) über das Verhalten ihres Partners aufregen. Denn Untreue kratzt an ihrem ohnehin nicht sehr stabilen Selbstbewusstsein.

Da sie um die Vergänglichkeit und Endlichkeit des Lebens weiß, löst ein geliebter Mensch, der vielleicht mit anderen nur ein bisschen herumflirtet, um sie, die Jungfrau, aus der Reserve zu locken, bei ihr gleich Verlustängste aus. Geht ihr Partner fremd (oder spielt er auch nur mit dem Gedanken daran), sucht die Jungfrau auch immer die Schuld bei sich selbst – und leidet.

Doch letztlich ist sie zu intelligent und zu praktisch veranlagt, um Märtyrer zu sein. Wenn ihr Partner Absprachen wiederholt verletzt, siegt ziemlich schnell ihre Vernunft, und sie handelt nach dem Motto: »Wie du mir, so ich dir!« Und schließlich wird sie auch irgendwann einmal sagen: »Na, dann eben nicht …!«

Wie gut Jungfrauen allein sein können

Irgendwie sitzt sie auch bei diesem Thema ein wenig zwischen den Stühlen, die gute Jungfrau. Sie ist weder richtig glücklich allein noch völlig zufrieden in einer Partnerschaft. Letztlich aber überwiegt der »Herdentrieb«. Sie braucht die soziale Gemeinschaft, um ihre Bestimmung zu erfüllen: anderen zu dienen, sie zu bewachen, zu schützen und gegebenenfalls zu heilen. Sie ist Hofhund, Wetterhahn, Bader und Kräuterweib zugleich, lebt von den Aufgaben, die in einer Partnerschaft und Gemeinschaft anfallen. Allein verliert sie die Orientierung, ihren Lebenssinn. Höchstens eine große Aufgabe oder viel anderweitiger sozialer Umtrieb kann ihr so viel bedeuten, dass sie auf eine Partnerschaft verzichtet und allein lebt. Sie ist eben ein begehrter Freund bzw. eine begehrte Freundin, denn es lebt sich mit ihr recht bequem. Vor allem

Menschen, die gerade eine Beziehung hinter sich haben, in der die Emotionalität ausuferte, fliegen auf eine Jungfrau, die ihre Gefühle zumindest vordergründig gut im Griff hat.

Ihre Versuche, allein zu leben, scheitern meistens dann, wenn die Dame oder der Herr ihres Herzens mit verträumten Augen zu ihr sagt: »Ich liebe dich! Ich möchte immer bei dir sein!« Liebeserklärungen setzen sie immer schachmatt, denn sie rechnet nicht damit, dass jemand sie begehrt.

Weibliche Jungfrauen auf dem Prüfstand

Über die Doppeldeutung ihres Namens kann sie höchstens lächeln, denn eine Jungfrau im anatomischen Sinn ist sie höchstens bis sechzehn, und von prüde, unerotisch oder asexuell kann bei ihr durchaus keine Rede sein. Sie bleibt innerlich jung, macht auch gern auf jugendlich und ist – wie die Bayern sagen – etwas »g'schamig«. Sie zieht sich zum Beispiel ungern in aller Öffentlichkeit aus und hasst durchsichtige Blusen oder Unterwäsche mit Strapsen. Aber das alles verleiht ihr eher eine unschuldige als eine altjüngferliche Note – und das will sie auch an erster Stelle sein: unschuldig. Eine Jungfrau, die aufgetakelt wie Madame Pompadour oder eine Punkerin daherkommt, ist eine Rarität.

Das Leben sieht sie als Aufgabe, bei der man möglichst viel lernen und begreifen soll. Und zum Leben gehört nun mal die Liebe. Also übt sie auch auf diesem Gebiet, und zwar von früh an bis ins hohe Alter. Eine Jungfrau weiß, was Spaß und Lust macht, und sie kennt die Vorlieben der Männer. Sie ist ausgesprochen lustorientiert und denkt keine Sekunde daran, dass das Liebemachen eigentlich dafür gedacht ist, Nachkommen zu zeugen. Zu Schwangerschaft und Geburt hat sie eher ein zwiespältiges Verhältnis und kann ohne weiteres auch auf leiblichen Nachwuchs ganz verzichten. Andererseits ist sie eine ideale Ersatz-, Adoptiv-, Pflege- und Stiefmutter, die sich um fremde Kinder sorgt, als seien es ihre eigenen.

Natürlich ist sie auch eine gute Hausfrau und Köchin. Doch drängt es sie eher in die freie Wildbahn, um Karriere zu machen, als dazu, in einem Vorstadteigenheim zu versauern. Selbst wenn sie ein Kind hat, hängt sie ihren Beruf nur ganz kurz an den Nagel: Mutter sein und Karriere machen ist für sie keineswegs ein Widerspruch. Manchmal ist sie kritisch und hölzern; damit muss man leben. Dafür liest sie ihrem Partner jeden Wunsch von den Augen ab, opfert sich für ihn, ja »dient« ihm sogar, solange er diese Liebe nicht missbraucht.

Was sie an einem Mann reizt, ist das Rätselvolle, Unentdeckte. Es ist, als suche diese praktische, tüchtige, erdverbundene Frau in ihrem »Co.« genau ihr Gegenteil: einen Künstler, eine Existenz am Rande der Gesellschaft, einen Mann mit einer Fülle von Mysterien.

Heiße, leidenschaftliche Liebe fühlt sie nur kurz; aus Begehren wächst Freundschaft, Zuneigung, Zärtlichkeit, Fürsorge und Partnerschaft. Nach zehn Jahren Ehe fände sie heißen Sex, bei dem man »wie Tiere übereinander herfällt«, eher komisch. Aber sie hat ein großes Bedürfnis nach Zärtlichkeit und Sehnsucht nach dem Gefühl, zu lieben und geliebt zu werden.

Was sie überhaupt nicht ertragen kann, ist seelische Kälte. Emotionen sind ihr tägliches Brot. Sie aufzunehmen, zu lenken und zu kontrollieren – darin ist sie eine wahre Meisterin. Wenn aber der Gefühlsstrom in ihrem Umfeld versiegt, wähnt sie sich tatsächlich in einer Wüste und klammert sich verzweifelt an jede Reaktion ihres Partners. Dann kann es vorkommen, dass die an sich liebenswürdige, freundliche und durchaus selbständige Jungfrau kindisch und ängstlich wird und sich an ihren Partner klammert wie ein kleiner, hilfloser Affe.

Männliche Jungfrauen auf dem Prüfstand

Bei keinem anderen Mann purzeln die Klischees aus dem Mund von Möchtegernsterndeutern so munter und ungehemmt durcheinander wie in seinem Fall: Der Jungfraumann sei prüde, pingelig, zwanghaft ordentlich, ein Besserwisser und funktioniere selbstlos wie eine Schweizer Uhr. Andererseits sei er ein Schelm, ein Schwindler, ein Filou, dem man kein Sterbenswörtchen glauben dürfe. Mal abgesehen von gewissen dem ähnelnden Veranlagungen, ist er jedoch weder das eine noch das andere, sondern ein liebenswürdiger Zeitgenosse, eher schüchtern als selbstsicher, eher nachgebend als sich behauptend, eher bescheiden als überall voranweg.

Sicher, er steckt seine Nase überall hinein und weiß grundsätzlich alles besser – aber meistens hat er ja auch recht! Nicht umsonst ist Merkur sein Beschützer, jener Planet bzw. Götterbote, der in der klassischen Mythologie zwischen Himmel und Erde, zwischen den Unsterblichen und den Menschen pendelt. Schon allein deswegen schlummert in jedem Jungfraumann eine mehr oder weniger gelungene Synthese von höherer Einsicht und lebenspraktischer Vernunft.

Dieser Mann bleibt länger jung als andere, neugierig, pubertärbeschwingt und lebt nach dem Motto, dass nichts gleich ist. Schon gar nicht, wenn er zum Beispiel im reifen – oder auch überreifen – Mannesalter noch einmal in Liebe zu einer Achtzehnjährigen entbrennt.

Sein Sex ist garantiert besser, als man bei einer »Jungfrau« erwarten würde. Ausgesprochen spielerisch und virtuos streift er manches sogenannte Tabu. Aber er ist nicht leidenschaftlich. Eine Geliebte, die ihre Gefühle durch andauernd laute Schreie kundtut, macht ihn ratlos. Septembersöhne mögen es eben kühl, überlegt, gut im Timing, al dente. Am liebsten wie bei einem perfekten Menü: mit leichtem Entree (Betonung auf leicht – ein endloses Vorspiel macht sie nämlich schlaff), dann der deftige Höhepunkt und als Dessert ein kuscheliges Beisammensein.

Dass Jungfrauen – und damit auch die männlichen Vertreter dieses Zeichens – kritisch bis zur Schmerzgrenze sein können, weiß man: Ist irgendwo der Wurm drin? Ein Haar in der Suppe? Ein verstecktes Problemchen in einer scheinbar wasserdichten Angelegenheit? Der Jungfraumann wird es finden! Denn das Aufspüren von Fehlern, Schwachstellen, Irrtümern ist geradezu seine Spezialität. Je näher man ihm kommt, desto feinfühliger ertasten seine hochempfindlichen Sensoren den Dreck am Stecken. Na und, werden Jungfrauen – zur Rede gestellt – sagen, die Welt ist schließlich schlecht! Kann nicht hinter jedem engelsgleichen Antlitz eine Teufelsfratze stecken? Deswegen sind Vorsicht und Misstrauen allemal besser, als leichtgläubig und offenen Herzens in sein »Unglück« zu rennen … So weit, so schlecht! Gott sei Dank meinen sie es dann letztlich gar nicht so und können selbst darüber lachen.

Eines sollten sich Partnerinnen von gar nicht jungfräulichen Jungfrauen auf jeden Fall zu Herzen nehmen: Vernachlässigt man einen Jungfraumann auf Dauer – in welcher Beziehung auch immer –, findet sich ganz schnell jemand anders, der ihm das Enthaltene gern schenkt; denn er ist ein beliebter Ehemann.

Wie klappt's mit den anderen Sternzeichen?

Sich zu kennen ist erst die eine Hälfte des Wegs zum Glück. Die andere Strecke muss auch noch zurückgelegt werden. Dabei geht es darum, seine Mitmenschen, besonders den Partner – das »Du« –, zu erforschen. Erst wenn man beides kennt, sein »Ich« und sein »Du«, verfügt man über die Voraussetzungen für eine funktionierende Beziehung und ein befriedigendes Liebesleben.

Mit jedem Vertreter des Zodiaks erwartet einen etwas anderes. Man selbst bleibt zwar immer der oder die Gleiche. Aber weil das Gegenüber wechselt, verhält man sich anders, je nachdem, um welches Tierkreiszeichen es sich handelt.

In der Astrologie sind bestimmte Erkenntnisse und Regeln zusammengestellt, die dabei helfen können, mit den verschiedenen potenziellen Partnern besser umzugehen, gemeinsam mehr Spaß zu haben, Konflikte zu vermeiden, erfüllter zu lieben und zu leben und länger zusammenzubleiben.

Zuvor ist jedoch noch etwas Grundsätzliches zu sagen: Viele Menschen haben den Eindruck, der Sternenkunde zufolge gäbe es Kombinationen, die gut funktionieren, und andere, die »floppen«. Das ist so falsch. Es gibt keine Verbindung, die unmöglich ist. Mit anderen Worten, als Jungfraugeborener kann man mit allen, egal, ob Widder, Löwe oder Wassermann. Allerdings verlangt jede Partnerschaft einen bestimmten »Preis«. Bei manchen Kombinationen heißt der Preis Ruhe oder Entspannung, bei anderen braucht man vielleicht mehr Zeit. Auch ist es von Fall zu Fall möglich, dass man mit einem bestimmten Partner in eine Krise gerät und dann etwas unternehmen muss, um sie gemeinsam zu bewältigen. Es gibt keine Beziehung, die nur positiv ist. Es gibt allerdings solche, die bequemer sind als andere. Wer aber will entscheiden, ob Bequemlichkeit in jedem Fall ein erstrebenswertes Gut ist?

Die Astrologie kann dabei helfen, ein erfülltes Leben in der Partnerschaft zu finden. Doch der Mensch verliebt sich – dem Himmel sei Dank – mit dem Herzen. Das Herz ist allemal stärker als irgendwelche Prinzipien, die unter Umständen sogar noch dogmatisch ausgelegt werden. Deswegen sollte man im Zweifelsfall immer auf seine eigene innere Stimme hören, damit nicht aus einer guten Sache, die die Astrologie ja nun mal ist, für Einzelne ein Hindernis auf ihrem Weg zum Glück wird.

Gegensätze ziehen sich an: Jungfrau und Fische

Zwischen der Jungfrau und den Fischen, dem Gegenzeichen (man nennt es auch »Oppositionszeichen«), liegt im Tierkreis die größt-mögliche Distanz. Das bedeutet symbolisch, dass zwischen beiden der größte Unterschied besteht. Kein Vertreter des Zodiaks unter-scheidet sich stärker von einer Jungfrau als Fische. Von daher könnte man annehmen, Jungfraugeborene hätten mit solchen Menschen wenig zu tun. Aber das ist ein Irrtum. Der Astrologie zufolge sind zwei sich gegenüberliegende Zeichen zwar so ver-schieden wie Plus und Minus, aber sie ziehen sich auch an wie der positive und der negative Pol eines elektromagnetischen Feldes. Es fließt also sofort »Strom«, wenn sich Jungfrau und Fische begeg-nen.

Es ist ungefähr so, als würde man auf einer Reise in ein weit entferntes Land Menschen treffen, die zwar völlig anders sind als man selbst, die einen aber faszinieren, interessieren und anziehen – als kenne man sie aus irgendeiner fernen Zeit her genau.

Der Kosmos »will« eben, dass man sich nicht in sein Ebenbild, sondern in seine Ergänzung verliebt. Letztlich sind ja auch Mann und Frau verschieden, und just aus dieser Verschiedenheit heraus erwächst die Spannung, die Gefühle weckt, welche stärker sein können als alles andere auf der Welt.

»Du hast alles, was mir fehlt!« Das ist die richtige Einstellung zu seinem Gegenzeichen – und: »Zusammen sind wir ganz, so wie zwei Kreishälften einen vollständigen Kreis bilden.« Jungfrauen, die Fischen gegenüber eine grundsätzliche Ablehnung hegen, sollten sich dieses astrologische Gesetz der Liebe immer wieder vor Augen halten und in sich hineinspüren. Ganz sicher finden sie eine Resonanz, ein Gefühl von Neugierde und tiefem Interesse, das sie bisher vielleicht nur noch nicht wahrgenommen haben.

Was die Sterne über Jungfrau und Fische sagen

Jungfrauen sind praktische, realistische Menschen, die mit beiden Füßen fest auf der Erde stehen. Ihr Horizont endet da, wo er auch tatsächlich seine Grenzen findet, dort, am Rand, wo er den Himmel berührt. Das heißt nicht, dass der »Himmel« in ihrem Weltbild keine Rolle spielen würde, aber er verkörpert ein anderes, fremdes Reich, Räume des Glaubens, der Phantasie, des Flüchtigen …

Für einen Fischegeborenen wird es gerade hier interessant. Die Sphäre des Glaubens und Irrealen ist für ihn ganz real und völlig nah. Der eher nüchternen Welt der Jungfrau hingegen begegnet er mit einigem Zweifel und findet sich letztlich nicht wirklich darin zurecht. Das hat ganz praktische Konsequenzen, etwa dann, wenn die Jungfrau wie ein Ackergaul schuftet, um ihrem Leben ein solides Fundament zu verschaffen, und der Fischepartner sein Geld für etwas ausgibt, was nun überhaupt nicht ins Weltbild der Jungfrau passt – für ein Meditationscamp im Himalaja zum Beispiel.

Die Gegensätze könnten also nicht größer sein. Aber gerade das ist es auch, was die zwei schier magnetisch anzieht. Eine Jungfrau kennt immer einen Fischegeborenen. Wenn er nicht ihr Partner ist, so ist er ihr Freund, ihr Kind oder was auch immer. Sie braucht ihn, um aus allzu vordergründigen Zwängen herauszufinden. Umgekehrt brauchen alle Fische eine Jungfrau, denn sie hat den Schlüssel, um auf der Erde lebbare Räume zu erschließen.

Das kleine Liebesgeheimnis

Gegensätze ziehen sich an. Und was am weitesten voneinander entfernt liegt, kann sich auch am nächsten liegen. Liebe ist gerade die goldene Brücke zwischen Gegensätzen. Sie macht uns ganz, weil sie das bringt, was uns selbst fehlt. In der Astrologie heißt es (und dies ist die Botschaft aller esoterischen Lehren), dass jedes Singuläre und Vereinzelte das Bestreben hat, ganz zu werden. Dieser Wunsch kann umso größer sein, je mehr sich der eine Mensch vom anderen unterscheidet. Und entsprechend stärker ist die Liebe.

Das gilt in besonderer Weise für eine Beziehung zwischen Jungfrau und Fischen. Aber das ist auch eine generelle Gesetzmäßigkeit. Denn jeder andere Mensch, gleich, welchen Tierkreiszeichens, wird in irgendeiner Hinsicht ganz anders sein als Sie. Wenn Ihre Herzdame oder Ihr Herzbube ein Fischegeborener ist, sollten Sie diese Verschiedenheit also nicht von vornherein als Störung und Hindernis betrachten, sondern als Chance, noch tiefer, noch umfassender zu lieben.

Knapp vorbei ist auch daneben:
Jungfrau und Widder · Jungfrau und Wassermann

In diesem Abschnitt geht es um die Beziehung zu zwei Zeichen, die unmittelbar neben dem Gegenzeichen, den Fischen, liegen: um den Widder und den Wassermann. Diese beiden befinden sich ebenfalls sehr weit vom Zeichen Jungfrau entfernt.

Man sollte also annehmen, auch zwischen Jungfrau und Widder einerseits und Jungfrau und Wassermann andererseits existiere eine ähnliche »Anziehung und Abstoßung«. Aber wieder hat die Astrologie eine Überraschung parat: Diese Beziehungen sind schwierig und funktionieren nur unter Vorbehalt. Die Ursache liegt in der unterschiedlichen Grundstimmung. Jungfrau ist, was das Element betrifft, ein Erdzeichen. Widder ist ein Feuer- und Wassermann ein Luftzeichen. Zwischen Erde einerseits und Feuer bzw. Luft andererseits bestehen schwerwiegende Differenzen des Erlebens und Verhaltens. Man kann sich das wieder ungefähr so vorstellen, als begegnete man auf einer Reise in ein fernes Land Menschen, die völlig anders sind als man selbst. Aber dieses andere empfindet man zunächst nicht als reizvoll, anziehend und aufregend, sondern es erweckt erst einmal Vorbehalte und stößt auf Ablehnung. Mit einem Wort, man ist sich fremd und findet auf Anhieb keine Möglichkeit, dieses Befremdliche aus dem Weg zu räumen.

Sollte man dann Menschen mit diesen beiden Tierkreiszeichen meiden? Die Antwort lautet natürlich: »Nein!« Denn es gibt auch zahlreiche Gründe, die *für* eine Beziehung mit ihnen sprechen. So lernt man im Umgang mit derartig fremden Naturellen in der Regel sehr viel mehr als mit solchen, die einem vertraut sind.

Es kommt auch vor – und dies passiert gar nicht so selten –, dass es das eigene Schicksal zu sein scheint, gerade Menschen zu lieben, die aus einer völlig konträren Welt kommen. Zum Beispiel kann es sein, dass es in der Familiengeschichte schon einmal oder mehrmals ein derartiges Zusammenkommen mit Fremden gegeben hat. Eltern oder Großeltern etwa können ebenfalls eine solche Beziehung gehabt haben, so dass man seine eigene Existenz diesem Wagnis verdankt.

Doch wie auch immer, man muss wissen, dass man hier keine leichte und bequeme Lösung gewählt hat und nicht erwarten kann, dass sich diese Beziehung ohne Probleme gestalten wird.

Was die Sterne über Jungfrau und Widder sagen

Sie sind ein ungleiches Paar. Der Widder ist direkt, impulsiv, er lässt seinen Gefühlen und seinem Willen freien Lauf. Die Jungfrau dagegen ist kontrolliert und versucht stets, den Weg des geringsten Widerstands einzuschlagen. Mit ihnen treffen Gegensätze aufeinander; daher gehen sie sich in der Regel aus dem Weg.

Wenn sich allerdings die Jungfrau der Liebe öffnet, so sind ihre Gefühle tief, innig und sinnlich. Doch meistens versteckt sie sie unter dem Deckmantel der Nützlichkeit und einer kühlen Distanziertheit. Sie neigt dazu, sich einen Partner zu suchen, der all das tut, was sie sich selbst nicht erlaubt – zum Beispiel einen Widder. Dieser bringt es fertig, in einer Jungfrau die feurige Lebensfreude zu wecken, nach der sie sich in ihren Phantasien so sehr sehnt. Die Jungfrau wiederum bringt Besonnenheit und ökonomisches Denken in die Beziehung. Zusammen mit dem Leistungswillen des Widders ist dies eine starke Kombination.

Der Widder lernt mehr Geduld, bekommt einen längeren Atem und ist damit in der Lage, seine Inspiration besser in die Tat umzusetzen, statt sie einfach verpuffen zu lassen. Die Jungfrau hingegen lernt, sich und ihren Impulsen mehr zu vertrauen, direkter und selbständiger zu werden.

Was die Sterne über Jungfrau und Wassermann sagen

Einem Wassermann geht sein Bedürfnis nach Freiheit über alles. Es widerstrebt ihm, einer unter vielen zu sein, er ist eigentlich am liebsten etwas Besonderes. Die Jungfrau dagegen möchte ungern auffallen und passt sich daher grundsätzlich eher an.

Wenn ein jeder dem anderen eine Portion von seinen Eigenschaften abgeben könnte, so wäre dies geradezu ideal, doch vermag keiner von beiden lange in den Schuhen des anderen zu laufen. Spannungen sind programmiert, wenn die Jungfrau auf ihrem Ordnungssinn und Planungssoll beharrt und der Wassermann sich vehement weigert, Regeln einzuhalten, die seinem Freiheitssinn zuwiderlaufen. Es existieren aber ebenso zahlreiche Gemeinsamkeiten.

Zwischen beiden kann eine wundervolle Partnerschaft entstehen, auch wenn es in der astrologischen Literatur häufig heißt, sie würden nicht zusammenpassen. Es besteht allerdings auch eine große Gefahr: Beide sind keine »Gefühlsbolzen«; und zweimal ein Minus ergibt in diesem Fall kein Plus. Von daher kann sich allmählich eine Gefühlskälte einschleichen. Ein gemeinsames Kind könnte dieser Beziehung die emotionale Wärme schenken, die ihr fehlt. Aber die Regel ist eher, dass beide sich gegen ein Kind und für ihre Karriere entscheiden.

Das kleine Liebesgeheimnis

Wenn Sie als Jungfrau jemanden kennen oder lieben, dessen Tierkreiszeichen Widder oder Wassermann ist, dann sollten Sie sich sagen, dass es bestimmt Gründe gibt, warum Sie gerade diesem Menschen begegnet sind. Lernen Sie von ihm, dass das Fremde kein Hinderungsgrund für eine tiefe Liebe sein muss. Gehen Sie davon aus, dass Sie zusammen einen zwar schwierigen, aber unglaublich interessanten Weg einschlagen können.

Versuchen Sie immer wieder, die Situation aus den Augen dieses anderen Menschen zu betrachten, sie mit seinen Ohren zu hören und mit seinen Gedanken zu erfassen. Lernen Sie dadurch eine Welt kennen und lieben, von der Sie sonst vielleicht kaum je etwas erfahren hätten.

Ein Vertrauter in der Fremde:
Jungfrau und Stier · Jungfrau und Steinbock

Zwischen dem Tierkreiszeichen Jungfrau und den beiden Abschnitten Stier einerseits und Steinbock andererseits besteht auf dem Zodiak eine relativ große Distanz. Man könnte daher vermuten, dass auch Stier- und Steinbockgeborene mit einer Jungfrau nicht so leicht warm werden und dass eine Liebesbeziehung, wenn überhaupt, nur unter großen Schwierigkeiten und mit zahlreichen Hindernissen möglich ist. Aber nach astrologischen Erkenntnissen verhält es sich genau umgekehrt. Jungfrau und Stier bzw. Steinbock verstehen sich in der Regel auf Anhieb und können ohne weiteres eine lebenslange, erfüllte Beziehung führen.

Es ist, als würden wir auf der bereits erwähnten vorgestellten Reise weit in der Ferne plötzlich jemanden treffen, der aus derselben

Stadt kommt und dieselben Menschen kennt wie wir. Man fühlt sich sofort verstanden, hat Gesprächsstoff und ist glücklich, in der Fremde jemandem zu begegnen, der die gleiche Sprache spricht. Das schafft von vornherein Vertrauen, Sicherheit und Nähe.

Der Astrologie zufolge kommen diese Tierkreiszeichen besonders gut miteinander aus und können langjährige Beziehungen eingehen. Ja es sind klassische Beziehungen für eine Heirat und Familiengründung.

Was die Sterne über Jungfrau und Stier sagen

Die Jungfrau und der Stier sind beides Erdzeichen, und deshalb verstehen sie sich gut. Ihr Interesse dreht sich um Belange der »Erde«, das heißt um Sicherheit, materiellen Wohlstand, eine Familie, ein angenehmes Leben und beruflichen Erfolg.

In puncto Sexualität und Erotik kann es zu Differenzen kommen. Zwar sind beide gleichermaßen begierig auf sinnliche Erfahrungen, aber mit der Zeit bildet sich der Unterschied zwischen den zwei Tierkreiszeichen immer deutlicher heraus: der Stier als Sinnlichkeit in Person, der eigentlich nie genug bekommt, und die Jungfrau, die dann doch über die rein körperliche Liebe hinauswachsen will. Das kann zu Konflikten, Zerwürfnissen und sogar Trennungen führen. Allerdings nur dann, wenn beide an ihren eigenen Positionen stur festhalten (wozu zumindest der Stier tendiert).

Mit etwas Flexibilität jedoch ergibt sich eine wunderbare gegenseitige Bereicherung: Dem Stier öffnen sich neue Horizonte, und er blickt über das rein Körperliche hinaus. Die Jungfrau hingegen entgeht der Gefahr, sich in einer geistigen Schein- oder Pseudowelt zu verirren.

Was die Sterne über Jungfrau und Steinbock sagen

In der Verbindung zwischen einer Jungfrau und einem Steinbock finden sich zwei Zeichen, bei denen Werte wie Pflicht, Loyalität, Sorgfalt und Arbeit keine leeren Worte sind. Auch beim Thema Sex ist man ähnlicher Ansicht, nämlich insofern, als man erstens nicht übertreibt und zweitens mit einer gewissen Gefühlshärte und Rauhbeinigkeit gut umgehen kann, also weiß, wie man sich trotzdem gegenseitig »anzutörnen« vermag.

Probleme treten auf, wenn der weibliche Part Steinbock, der männliche Jungfrau ist. Die Steinbockfrau erwartet dann nämlich von ihrem Partner Geradlinigkeit und Stärke, welche die Jungfrau nun einmal nicht besitzt. Eine weitere Schwierigkeit resultiert daraus, dass mit der Zeit die Herausforderungen fehlen, weil man sich so ähnlich ist. Am besten wirkt dann eine gemeinsame Reise weit weg vom Arbeitsplatz. Das hebt die Lust und Leidenschaft beider Tierkreiszeichen.

Das kleine Liebesgeheimnis

Wenn Sie als Jungfraugeborener jemanden kennen oder lieben, dessen Tierkreiszeichen Stier oder Steinbock ist, dann können Sie sehr glücklich sein. Sie haben einen Menschen an Ihrer Seite, der beides mitbringt: genügend Ähnlichkeit und Übereinstimmung einerseits und ausreichend Unterschiedliches und Fremdes andererseits. Ihre Beziehung wird nicht langweilig und einschläfernd.

Sollten Sie dennoch einmal über Eintönigkeit klagen, dann brauchen Sie nur gemeinsam Ihre Siebensachen zu packen und zu verreisen. Sobald Sie Ihre gewohnte Umgebung verlassen, Grenzen überschreiten, gemeinsam in einem Hotelbett liegen, kommen Liebe und Leidenschaft zurück – und es ist wie am allerersten Tag.

Das verflixte Quadrat:
Jungfrau und Zwillinge · Jungfrau und Schütze

Eine Frau betritt einen Raum, ein Café zum Beispiel, in dem sie noch nie war, was schon von vornherein leicht befremdliche Gefühle und Unsicherheit bei ihr ausgelöst hat. Sie freut sich, da sie einen leeren Tisch sieht, und setzt sich dorthin. Doch dann bemerkt sie aus den Augenwinkeln heraus, dass jemand sie von der Seite anschaut. Sie blickt schnell hoch, doch der (oder die) andere sieht weg. Sobald sie sich aber wieder mit der Speisekarte oder einer Zeitschrift beschäftigt, wiederholt sich das Spiel: Die Frau fühlt sich beobachtet. Dieser Mensch beginnt ihr auf die Nerven zu gehen, aber da ist auch eine gewisse Neugierde, wer denn diese andere Person sein mag. Kennen sie sich vielleicht von

57

irgendwoher? Ob alles auf einer Verwechslung beruht? Oder ob der andere vielleicht schräge Absichten hegt?

Ungefähr so gestaltet sich die Kontaktaufnahme zwischen dem Zeichen Jungfrau und jenen, die im Zodiak in einer quadratischen Beziehung (einem Winkel von 90 Grad) zu ihrem Zeichen stehen, also Zwillinge und Schütze. Es besteht Interesse und Ablehnung zugleich. Man kennt sich, ohne zu wissen, woher. Man ist interessiert und irritiert. Man weiß nicht, ob man bleiben oder gehen soll. Der Astrologie zufolge sind Beziehungen auf der Basis eines Quadrats sehr schwierig, stehen unter Spannung, erzeugen Konflikte, schaden der Liebe, stören sie, führen zu einer Trennung oder lassen überhaupt keine Bindung zu. Sollte man dann nicht um solche Tierkreiszeichen besser einen weiten Bogen machen?

Das kann man so nicht sagen. Das Herz entscheidet sich, wie wir wissen, manchmal gerade für einen derartigen Partner. Es existieren auch zahlreiche solcher Liebesbeziehungen. Manche halten sogar ein ganzes Leben lang. Aber sie sind nicht einfach. Mit einem Zwillinge- oder Schützepartner werden Jungfrauen das Gefühl nie ganz los, dass sie sich nicht entspannen, sich nicht völlig gehen lassen können. Ein bisschen sieht immer alles nach Arbeit und nach Problembewältigung aus. Hier soll eine schicksalhafte Aufgabe gelöst werden.

Das ist meist auch der tieferliegende Sinn einer derartigen Beziehung. Man muss etwas lernen, bewältigen, in Ordnung bringen. Es gibt Astrologen, die behaupten, solche Bindungen hätten bereits in einem früheren Leben existiert. Damals aber habe man Fehler gemacht, sich nicht respektiert oder was auch immer. Daher müsse man in diesem Leben wieder zusammenkommen, um etwas gutzumachen. Wer weiß?

Sicher ist, dass Jungfrauen mit einem Zwillinge- oder Schützegeborenen etwas lernen. Sie können auch gar nicht anders, wenn ihre Beziehung Bestand haben soll. Eine derartige Partnerschaft ist sogar vorzüglich dafür geeignet, sich persönlich zu entwickeln, aber auch Karriere zu machen. Unbewusst »schiebt« einen der Zwillinge- oder Schützegeborene sozusagen auf der Karriereleiter aufwärts. Es kann genauso gut umgekehrt sein, dass Jungfrauen ihren Partner nach oben puschen. Die Karriere bzw. der Beruf ist dann etwas, woran sich die Spannung innerhalb einer »Quadrat-beziehung« entladen kann.

Eine andere Möglichkeit ist die, dass Paare mit einer derartigen Tierkreiszeichen-Konstellation Kinder bekommen, die dann (auf positive Weise) ebenfalls als »Spannungslöser« wirken. Auch ein guter Freund oder enger Bekannter, sogar ein Haustier wie ein Hund oder eine Katze können diese Rolle übernehmen.

Was die Sterne über Jungfrau und Zwillinge sagen

Beide Tierkreiszeichen werden vom Planeten Merkur regiert, und ihre typischen Vertreter haben daher Zugang zu einer leichten Lebensart. Die Zeit des Sichkennenlernens und Verliebtseins ist deshalb herrlich. Hinzu kommt, dass der Sex zwischen den beiden normalerweise phantastisch funktioniert, denn sie sind experimentierfreudig und im Grunde genommen für alles aufgeschlossen.

Mit der Zeit treten die Spannungen allerdings immer deutlicher zutage. Denn der Planet Merkur »macht« beide nicht nur charmant und schillernd, sondern schlicht und einfach auch ungeheuer kritisch und geradezu beckmesserisch: Jeder nörgelt und krittelt kleinlich am anderen herum. Im Grunde ist es aber so, dass sich in dieser Verbindung zwei unsichere Kandidaten begegnen, die sich vom anderen Stärkung versprechen. Zugleich gilt jedoch, dass der andere wohl der Letzte wäre, von dem man Hilfe erbitten würde!

Derartige Interaktionen spielen sich natürlich nicht im Bewusst-sein ab, bestimmen aber das Beziehungsleben, machen es schwie-rig und führen immer wieder zu unsäglichen Auseinandersetzun-gen. Wenn die Partnerschaft Bestand haben soll, müssen beide möglichst bald offen über ihre Minderwertigkeitsgefühle sprechen und sich fragen, ob ihre Liebe nicht wichtiger ist als der Drang, sich täglich das Leben mit kleinen und großen Sticheleien gegen-seitig zu vergällen.

Was die Sterne über Jungfrau und Schütze sagen

Bei dieser Beziehung gibt es häufig ganz schnell einen Verlierer. Entweder ist es die Jungfrau, weil sie sich gegenüber dem pompösen, prächtigen, weltoffenen, feurigen Schützen wie ein Mauerblümchen vorkommt, das der Schütze bei nächster Gelegenheit vergisst. Oder es ist der Schütze, der von der Jungfrau gnadenlos niedergemacht wird, weil sie ihn wieder einmal dabei ertappt hat, dass er an ein »Hirngespinst« glaubt. Hier geistiger Höhenflug – dort praktischer Realismus. Hier Horizonterweiterung – dort Horizontbegrenzung. Hier Großzügigkeit und Verschwendung – dort Sparsamkeit und Recycling.

Natürlich können beide Partner voneinander sehr viel lernen, ja im Grunde bräuchte jeder just die Art des anderen. Aber da müsste auch jeder über seinen eigenen Schatten springen können!

Es bestehen allerdings viele kleine Brücklein zwischen den beiden Tierkreiszeichen, wovon der Humor ein ganz besonderes ist. Ich kenne beispielsweise ein als Therapeuten arbeitendes Ehepaar mit dieser Konstellation. Sie leben seit Jahren zusammen und führen gemeinsam Managementseminare durch. Ich habe einmal in einem Seminar erlebt, wie sie gegeneinander Position bezogen und sämtliche Teilnehmer schon fast in Panik gerieten, weil sich ihre beiden Leiter dermaßen in die Wolle bekamen. Dann machte irgendjemand einen Witz, und die Konfrontation entlud sich in befreiendem Gelächter …

Das kleine Liebesgeheimnis

Wenn Sie als Jungfrau einen Menschen kennen oder lieben, dessen Tierkreiszeichen Zwillinge oder Schütze ist, haben Sie einen eher schwierigen Partner gewählt. Aber das muss in gar keiner Weise etwas Negatives sein. Wer will beurteilen, ob Beziehungen immer locker und leicht sein sollen? Lernen wir nicht alle aus dem, was schwierig, problematisch, unangenehm ist? Und das bedeutet ja auch keineswegs, dass Sie mit einem derartigen Partner nicht auch Ihr Glück finden.

Nur Folgendes sollten Sie wissen: Diese Beziehung braucht Kraft und Mut. Sie ist keine Angelegenheit, die so nebenbei läuft. Sie müssen sich immer wieder auseinandersetzen, zueinanderfinden, Ihre Unterschiede betonen und dennoch kompromissbereit sein.

Und Sie dürfen eins niemals vergessen: Sie sind diese Beziehung freiwillig eingegangen, Sie können sie notfalls auch wieder beenden. Es ist Ihre immer wieder neue Entscheidung (und natürlich auch die Ihres Partners), ob Sie zusammenbleiben wollen. Sie müssen sich nicht bis zur Selbsterschöpfung aufreiben.

Gute Freunde und mehr:
Jungfrau und Krebs · Jungfrau und Skorpion

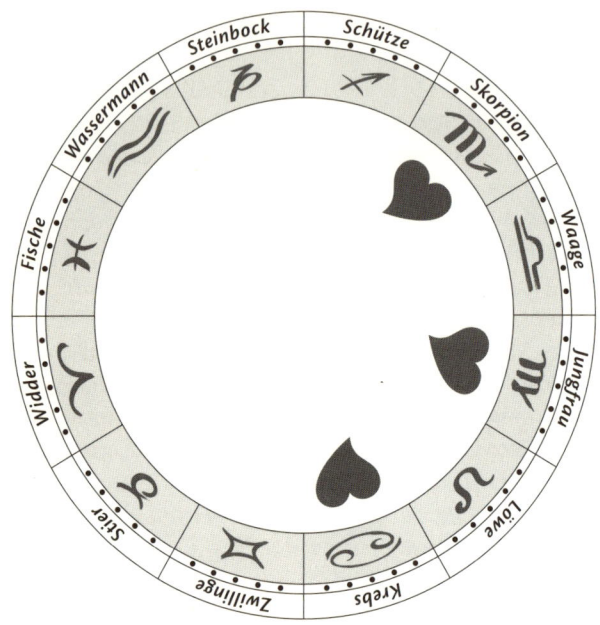

Die beiden Tierkreiszeichen Krebs und Skorpion sind dem Abschnitt Jungfrau sehr nah, lediglich ein einziger Abschnitt des Zodiaks liegt jeweils dazwischen. Von daher darf man erwarten, dass es sich bei einem Krebs- oder Skorpionpartner um jemanden handelt, der ähnlich ist, die gleichen Anschauungen hat und so denkt und fühlt wie man selbst. Es ist ungefähr so, als würde man jemanden kennenlernen, der in unmittelbarer Nachbarschaft wohnt, in dieselbe Schule geht oder im selben Betrieb arbeitet. Trotzdem unterscheiden sich diese Menschen von Jungfraugeborenen in einem wesentlichen Punkt: Jungfrau ist vom Element her Erde, Krebs und Skorpion jedoch sind Wasserzeichen. Die Elemente Erde und Wasser ergänzen sich gut. Insofern teilen Jungfrauen mit solchen Menschen viel Ähnliches und Verwandtes, aber es gibt auch mehr als genügend Unterschiedliches, so dass es sehr reizvoll ist, einander näher kennenzulernen. Und der Astrologie zufolge gehören diese Beziehungen zu den bestmöglichen!

Was die Sterne über Jungfrau und Krebs sagen

Die beiden verstehen sich in der Regel auf Anhieb. Wenn sich die Jungfrau der Liebe öffnet, sind ihre Gefühle tief und innig. Doch meistens versteckt sie ihre Emotionen unter dem Deckmantel der Nützlichkeit. Der Krebs ist am ehesten dafür geeignet, der »coolen« Jungfrau tiefere Gefühle zu entlocken. Denn das Wasserzeichen Krebs ist sich seiner selbst gewiss, ruht in sich und bietet der Jungfrau somit das, was sie so sehnsüchtig sucht: ein Zuhause, Sicherheit, Schutz. Auf der anderen Seite neigt der Krebs dazu, sich »in sich selbst« zu verlieren, keinen Grund mehr zu finden beim »Seelentauchen«. Genau dann kann das Erdzeichen Jungfrau das rettende Land sein, das Ufer, das Feste und Zuverlässige.

Eine Verbindung zwischen typischen Vertretern dieser beiden Zeichen verläuft fast immer harmonisch. Gemeinsamer Nenner ist eine Grundhaltung der Fürsorge und Hilfsbereitschaft. Erde und Wasser ergibt, bildlich gesprochen, auch einen fruchtbaren Schlamm, aus dem vieles wachsen kann: eine Familie, eine große Zukunft, das gemeinsame Älterwerden.

Schwierigkeiten können auftreten, wenn sich der Krebs am Perfektionsanspruch der Jungfrau stößt. Er kann außerdem schwer begreifen, dass die Jungfrau eine ganz andere ist, sobald sie sich aus seinem Einflussbereich entfernt; sie passt sich dann den dortigen Verhältnissen an, was unter Umständen auch bedeuten kann, dass sie untreu wird. Umgekehrt lässt sich die Jungfrau durch die Stimmungsschwankungen des Krebses verunsichern. Auch seine Enge und Intimität können bei ihr klaustrophobische Ängste auslösen. Darüber muss gesprochen werden, damit eine von beiden Seiten getragene Lebensweise aus diesen zwei verschiedenen Seinsarten entstehen kann.

Was die Sterne über Jungfrau und Skorpion sagen

Ihr gemeinsamer Nenner ist Perfektionismus, wenn auch in sehr unterschiedlicher Art. Der Skorpion will bis zum Kern der Dinge vordringen, und er macht sich mit seiner Tendenz zur Schwarzweißmalerei das Leben schwer. Die Jungfrau hingegen sucht nach der verlässlichen Realität.

Der Skorpion missachtet in den Augen der Jungfrau dann doch allzu sehr die »praktische Vernunft«, er lebt zu ungesund, zu riskant und zu emotional. Und aus der Sicht des Skorpions ist bei der Jungfrau genau das Gegenteil davon zu ausgeprägt.

Rein theoretisch wären diese zwei eine wunderbare Verbindung, denn »Erde« (Jungfrau) und »Wasser« (Skorpion) ergänzen sich wunderbar, kreieren zusammen »fruchtbares Land«. Wo diese Partnerschaft gewagt und durchgestanden wird, entwickelt sich denn auch ein sagenhaft starkes Bündnis, in dem jeder den anderen nach besten Kräften zu unterstützen vermag: Die Jungfrau bekommt Tiefe, Biss, Selbstvertrauen und Stärke. Der Skorpion wird aufgeschlossener, offener, freundlicher und gesünder.

Das kleine Liebesgeheimnis

Wenn Sie als Jungfrau einen Krebs- oder Skorpiongeborenen kennen, haben Sie einen für Sie idealen Partner gefunden. Sie werden sich prima verstehen, und Sie haben einen Menschen an Ihrer Seite, auf den Sie sich verlassen können. Ihr Partner ist vom Element her Wasser, während Sie selbst ein Erdzeichen sind. Wasser und Erde, so heißt es in der Astrologie, ergänzen sich bestens. Im Alltag werden Sie dies als Fröhlichkeit und Glück erleben.

Gelegentlich aufkommende Langeweile oder Disharmonien können Sie immer aus der Welt schaffen, indem Sie gemeinsam etwas unternehmen. Aber Sie sind »Freunde«, vergessen Sie das nie! Freunde versuchen sich nicht zu gängeln und auch nicht zu betrügen. Solange Sie diese »Spielregel« beachten, leben Sie in einer glücklichen Partnerschaft, die durch Kinder noch stabiler und erfüllter werden wird.

(Nicht immer) gute Nachbarn:
Jungfrau und Löwe · Jungfrau und Waage

Die beiden Tierkreiszeichen Löwe und Waage liegen auf dem Zodiak unmittelbar neben dem Jungfrauabschnitt. Von daher erwartet man vielleicht, dass man sich – wie es bei »richtigen« Nachbarn auch sein sollte – wunderbar versteht.

Einerseits trifft das sicher zu: Die Kombination von nebeneinanderliegenden Tierkreiszeichen ist tatsächlich häufig, und diese Beziehungen sind oft sehr befriedigend. Beide Partner haben das Gefühl, dass sie zueinander gehören, und fühlen sich, wenn sie sich kennenlernen, sehr schnell vertraut – so als seien sie uralte Bekannte, vielleicht sogar noch mehr, Geschwister zum Beispiel.

Aber das ist nur die eine Seite der Medaille. Wie es bei besagten »richtigen« Nachbarn oder Geschwistern bekanntermaßen auch vorkommt, entsteht schnell das Gefühl von Konkurrenz, Neid und Eifersucht. Es ist, als müsste sich jeder dem anderen gegenüber behaupten und besser, unabhängiger, liebevoller oder was auch immer sein. Insbesondere die Unterschiede werden dabei zu stark hervorgehoben. Solche Unterschiede bestehen ja in der Tat, aber sie sind etwas ganz Normales. Denn bei einer Jungfrau handelt es sich um ein Erdzeichen, während die Nachbarn den Elementen Feuer (Löwe) bzw. Luft (Waage) zugeordnet sind. Man ringt also um Abgrenzung und Individualität: Bei Geschwistern entwickelt man sich ab einem bestimmten Alter auseinander, aber keineswegs, weil man sich nicht mehr liebt, sondern weil man eigene Wege gehen muss und zu viel Nähe und Vertrautheit einen daran hindern würden. Ähnliches kann in einer Partnerschaft geschehen. Zwei Vertreter von Tierkreiszeichen, die nebeneinanderliegen, können zuweilen sogar recht niederträchtig miteinander umspringen. Hier gilt es, beizeiten zu lernen, sein Bedürfnis nach Abgrenzung auf positive Weise auszuleben. Denn nur dann, wenn man seine Individualität pflegt, ohne den anderen zu diskriminieren, gibt es eine glückliche Zweisamkeit, die Bestand hat.

Was die Sterne über Jungfrau und Löwe sagen

Wenn sich die Jungfrau der Liebe öffnet, so sind ihre Gefühle tief und innig. Selbst stets bereit, ihren Mitmenschen helfend zur Seite zu stehen, neigt sie ja dazu, sich einen Partner zu suchen, der all das tut, was sie sich nicht erlaubt.

Im Löwen findet sie diesen Menschen: stark, selbstbewusst, großzügig, während sie eher unsicher ist und sich allzu viel Lust und Luxus versagt. Den Löwen bewundert sie also – aber er flößt ihr auch Angst ein, weswegen diese Kombination von Tierkreiszeichen nicht so oft existiert. Der Löwe wiederum spürt instinktiv, dass die Jungfrau etwas hat, was ihm fehlt: Geduld, ein Wissen über den Augenblick hinaus und ein adäquater Umgang mit den Ressourcen des Lebens. Auf der anderen Seite lässt ihm die Kritiksucht der Jungfrau die Haare zu Berge stehen.

Kommen sie zusammen, schenkt der Löwe der Jungfrau Wärme,

und sie lernt durch ihn, dass das Leben nicht nur aus Pflichten besteht. Die Jungfrau wird ihre Dankbarkeit zeigen, indem sie umsichtig für ihn sorgt. In der negativen Version dieser Kombination allerdings hat der »Pascha« endlich seine »Dienerin« gefunden.

Was die Sterne über Jungfrau und Waage sagen

Das Gemeinsame dieser beiden Tierkreiszeichen in puncto Liebe ist, dass sie ihre Gefühle wie unter einem »Mantel« verstecken. Bei der Jungfrau ist die Nützlichkeit das übergeordnete Prinzip, und die Waage möchte nur das tun, »was sich schickt«.

Hier treffen zwei Denker aufeinander: die Waage mit ihrer strategischen Begabung und die Jungfrau mit ihren pädagogischen Fähigkeiten. Letztlich ist die Waage stärker, sie setzt sich also durch. Dank ihrer Liebesfähigkeit schafft sie es, dass die Jungfrau, wenn sie einmal enttäuscht ist, »bei ihrem Frust nicht hängenbleibt«.

Das kleine Liebesgeheimnis

Mit einem Löwe- oder Waagepartner haben Sie als Jungfrau einen wunderbaren Menschen an Ihrer Seite: Seine Welt ist Ihnen vertraut, er ist wie ein guter Bruder oder eine liebevolle Schwester zu Ihnen, er wird auf Sie aufpassen und Ihnen das Gefühl von Geborgenheit schenken – und genauso verhalten Sie sich umgekehrt ihm gegenüber.

Sie müssen aber wissen, dass Sie sich unter Umständen zu nahe sind, weswegen sich Ihre Unterschiede nicht richtig entfalten können. Eine derartige Beziehung geht nur dann gut, wenn Sie sich Ihre natürliche Verschiedenheit zugestehen und trotz Ihrer großen Nähe immer wieder ganz andere Wege gehen. Kultivieren Sie Ihren Unterschied! Lassen Sie nicht zu, dass Sie sich noch ähnlicher werden! Unternehmen Sie immer wieder einmal etwas allein – das hilft Ihrer Liebe.

Wenn es zu Konflikten kommt, ist es wichtig, dass Sie Differenzen herausarbeiten und sich auch gegenseitig zugestehen.

Ich liebe ... »mich«: Jungfrau und Jungfrau

Eine Beziehung zwischen Menschen mit dem gleichen Tierkreiszeichen ist so eine Geschichte für sich. Zum einen hat man seinen »Zwillingsbruder« bzw. seine »Zwillingsschwester« gefunden, und man kennt den anderen wie sich selbst. Man ist sich vertraut, denkt, fühlt, handelt genauso, und das kann wunderschön sein. Manchmal versteht man sich sogar ganz ohne Worte. Beim Thema Sex zum Beispiel scheint der andere genau die Wünsche zu erraten, die man selbst immer hegt.

Auf der anderen Seite kann man sich auch *zu* ähnlich sein. Menschen haben nicht nur ein Bedürfnis nach Nähe, Ähnlichkeit und Verständnis, sondern auch nach Individualisierung, nach Abgrenzung, nach dem Anderssein. Und genau dieses Bedürfnis »stört« in Beziehungen mit dem gleichen Tierkreiszeichen normalerweise früher oder später die Liebe. Es kommt dann zu der paradoxen und absurden Situation, dass zwei Menschen, die sich im Grunde so gleichen wie ein Ei dem anderen, plötzlich ihre Unterschiede betonen, als kämen sie von zwei verschiedenen Planeten, und sich am Ende überhaupt nicht mehr verstehen.

Wozu sollte man dann eine derartige Beziehung überhaupt eingehen? Nun, wie gesagt hat man ja erstens oft gar keine andere Wahl, weil das Herz (Gott sei Dank!) allemal stärker ist als irgendwelche Theorien. Und zweitens ist eine Beziehung mit einem Menschen desselben Tierkreiszeichens sehr wohl ein Gewinn. Infolge der ständigen Auseinandersetzung mit dem »Doppelgänger« kann man nämlich damit beginnen, seine eigenen Qualitäten stärker zu erleben. Das ist insbesondere für diejenigen wichtig, die ihre Stärken und Schwächen nicht richtig kennen. Genauso bedeutsam ist ein anderer Aspekt: Wer einen Partner mit demselben Tierkreiszeichen liebt, kommt vielleicht auf diesem Weg auch zu der Liebe zu sich selbst.

Was die Sterne über Jungfrau und Jungfrau sagen

Wenn sich diese zwei Ratgeber und vernünftigen Menschen treffen, so kann es nur gutgehen, sollte man meinen. Dies mag so sein, es hängt jedoch ganz wesentlich von der Reife der Partner ab.

Positiv sind die Fürsorge, die sie sich gegenseitig angedeihen lassen, sowie ihre Begabung, sich mit den realen Gegebenheiten des Alltags auseinandersetzen zu können. Jeder ahnt, was der andere will, und versucht, es ihm noch besser, noch perfekter, noch vollkommener zu servieren.

Aber die Spannung fehlt. Und infolge des enormen kritischen Potenzials können sich zwei Jungfrauen durch permanente Besserwisserei und Nörgelei regelrecht »zerfleischen«.

Das kleine Liebesgeheimnis

Eine Beziehung zweier Menschen mit dem gleichen Tierkreiszeichen wird in aller Regel nach einer anfänglichen Phase kolossaler Euphorie mit Schwierigkeiten konfrontiert. Es geht dann darum, das Gemeinsame und das Unterschiedliche auseinanderzuhalten und sich nicht in extremen Positionen zu verlieren. Für eine derartige Beziehung ist es besonders wichtig, Unterschiede wohlwollend zu akzeptieren und sich gegenseitig möglichst viele Freiräume zuzugestehen.

*Ganz falsch wäre es allerdings, wenn die Partner versuchten, **noch** mehr Ähnlichkeiten herzustellen, zum Beispiel indem sie miteinander arbeiten oder jede freie Stunde gemeinsam verbringen.*

Die Jungfrau und ihre Gesundheit

Seit über zweitausend Jahren existiert eine systematische astrologische Gesundheitslehre, und bis weit über das Mittelalter hinaus bedienten sich die meisten Ärzte dieser Systematik, um Krankheiten zu diagnostizieren und zu heilen. Ein guter Arzt war früher immer auch ein Astrologe. Seine Diagnose und Behandlung richtete sich nach den Sternen. Nie wäre einem damaligen Medicus eingefallen, einen Eingriff am Körper vorzunehmen, ohne die Konstellation der Sterne zu konsultieren. Erst im Zusammenhang mit dem in der Einleitung erwähnten Niedergang der Astrologie ab dem 16. bzw. 17. Jahrhundert trennte sich die Medizin von der Astrologie. In jüngster Zeit allerdings beginnen immer mehr ganzheitlich denkende Ärzte, sie wieder einzubeziehen, wenn es um Vorbeugung, Diagnose und Behandlung geht – und die Erfolge geben ihnen recht. Dass man zum Beispiel Operationen oder Zahnextraktionen besser bei abnehmendem Mond vornimmt, ist heute eine weitverbreitete Erkenntnis, was nicht nur viele Patienten wissen, sondern auch immer mehr Ärzte berücksichtigen. Ebenso findet die allgemeine astrologische Gesundheitslehre, wonach jedem Sternzeichen bestimmte Krankheitsdispositionen zugeordnet werden, bei immer mehr Menschen Beachtung. Ich bin überzeugt von ihr. Wer sich nach ihr richtet, bleibt länger gesund, jung, dynamisch und unterstützt bei einer Krankheit ohne Zweifel den Genesungsprozess.

Die Schwachstellen von Jungfraugeborenen

Der Jungfrau entsprechen die inneren Organe Bauchspeicheldrüse, Dünndarm, Dickdarm, Leber und der Verdauungsprozess im Darm. Im Verhalten steht »Jungfrau« für die Fähigkeit, sich an das Leben optimal anzupassen und unter verschiedenen Möglichkeiten eine vernünftige Wahl zu treffen. Entsprechend besteht bei

Jungfraugeborenen eine Neigung zu folgenden körperlichen und psychischen Störungen: Unterleibserkrankungen (Blähungen, Völlegefühl, Darmkatarrh, Darmentzündung), Diabetes, Zwänge, Existenzangst und Schlafstörungen.

Alle Erfahrungen sprechen dafür, dass Jungfrauen auf eine falsche Ernährung sehr empfindlich reagieren. Bei manchen rebelliert der Darm gegen Fett, bei anderen gegen Milch, und wieder andere vertragen bestimmte Meerestiere nicht.

Die Verdauung ist also eine Schwachstelle bei den Jungfrauen, ihr »Locus Minoris Resistentiae«, wie es im medizinischen Jargon heißt. Aber das trifft eigentlich so nicht zu. In Wirklichkeit handelt es sich dabei nicht um eine schwache, sondern um eine besonders starke, ja sogar um die vitalste Stelle ihres Seins. Da die Verdauung jedoch das bevorzugte Medium der Lebensbewältigung einer Jungfrau ist, wird sie entsprechend strapaziert. Man muss sich ihrer daher besonders annehmen, sie hegen und pflegen.

Jungfrauen sind natürlich nicht grundsätzlich gegen alle übrigen Krankheiten gefeit. Aber der Ursprung beziehungsweise die Ursache einer jeden Erkrankung – und das ist der springende Punkt – wird sich immer auf eine Störung im Zusammenhang mit ihren astrologischen Problembereichen zurückführen lassen. Hier nimmt jedes ihrer Leiden seinen Anfang. Dazu bedarf es einer Erklärung, die tiefer in die Materie eintaucht.

Jungfrauen kommen zwischen dem 24. August und dem 23. September auf die Welt. Der Sommer ist zu Ende. Es geht unweigerlich auf den Winter zu. Das Wissen, dass die Natur immer weniger hergibt und in Kürze ganz versiegt, prägt sich dem Wesen, das in dieser Übergangszeit auf die Welt kommt, unabänderlich ein. Es weiß, dass es sich auf eine andere Zeit einstellen muss, dass es Vorsorge zu treffen hat. Der Gedanke der Vorsorge, in die Zukunft zu blicken, wissen zu müssen, was kommt, prägt eine Jungfrau vom ersten Atemzug an. Ihre wichtigste Lebens- und Überlebensstrategie heißt, zu wissen, was kommt. Natürlich kostet das Kraft.

Dennoch: Wenn Jungfrauen krank werden – dabei ist es völlig gleichgültig, um welche Krankheit es sich handelt ist –, haben sie zu viel analysiert, haben sie sich *zu sehr* mit der Zukunft beschäftigt und waren zu wenig im Hier und Jetzt. Sie müssen lernen, einen Weg zu gehen, der sie bei Kräften hält und nicht krank werden, nicht stolpern lässt. Das Wichtigste dabei ist: Sie müssen es tun, ehe die ersten Folgeerscheinungen auftreten.

Vorbeugung und Heilen

Am Anfang jeder vorbeugenden Maßnahme und Heilung steht bewusstes Erkennen. Einsicht veranlasst uns mit der Zeit dazu, eine bestimmte (falsche, ungesunde) Art zu leben in eine bessere, gesündere zu ändern. Einsicht bedeutet aber auch noch mehr. Zwischen Erkenntnis und dem Körper besteht eine Verständigung. Wissen und Einsicht erhalten bzw. bewirken Gesundheit. Allein daran zu denken, dass eine besondere Veranlagung zu bestimmten Erkrankungen besteht, verändert nicht nur das Verhalten, sondern auch die entsprechenden Körperfunktionen.

Einsicht schließt auch ein Verstehen körperlicher und psychosomatischer Zusammenhänge ein. Wenn man verstanden hat, wie der Organismus funktioniert, und nachvollziehen kann, wie es zu körperlichen und seelischen Krankheiten kommt, wird jeder verantwortungsbewusste Mensch wacher und gesünder leben.

Der Darm, ein 24-Stunden-Service

Nahrung – im Mund zerkleinert, durch Speichelzusatz in der Mundhöhle aufgeweicht, durch die Speiseröhre dem Magen zugeführt und dort zu einem Brei vermischt – wird im Dünndarm aufbereitet. Zuletzt wird im Dickdarm das Wasser entzogen. Die gesamte innere Oberfläche des zirka sechs Meter langen Darms beträgt aufgrund der zahllosen Falten und Zotten 200 Quadratmeter. Auf dieser Fläche wird die Nahrung in einer Zeit zwischen sechs Stunden (leicht verdaulich) und eineinhalb Tagen (schwer verdaulich) bearbeitet. Dabei laufen hochkomplizierte chemisch-physikalische Prozesse ab. Man kann sich den ganzen Darm wie ein gigantisches Labor vorstellen, in dem der Speisebrei durch verschiedene Reagenzien weiter aufgeweicht, zersetzt, analysiert und sortiert wird. Am Ende dieses Naturlabors steht die Frage, welche Stoffe für den Organismus wichtig sind und welche ausgeschieden werden müssen. Diese Entscheidung fällt die Darmwand. Man spricht deshalb in diesem Zusammenhang auch von der »Darmschranke«. Letztendlich reguliert sie den Austausch des Menschen mit der Natur und sein Überleben in ihr. Eine Fehlfunktion dieser Schranke hätte zur Folge, dass sich der Mensch vergiften würde. Dieses Wunder der Natur arbeitet unermüdlich 24 Stunden am Tag.

Jungfrauen übertragen jenen Prozess auf ihr ganzes Sein. Sie sind ständig wach und aufmerksam, sortieren tatsächlich oder im Kopf aus, überprüfen, planen, kontrollieren. Aus allem das Beste zu machen, das ist für sie nicht nur ein Leitspruch, sondern gelebte Notwendigkeit. Ein Fehler oder gar ein Versagen wird von der Angst begleitet, sie könnten sich dabei »vergiften« – sprich: einen irreparablen Schaden zufügen. Auch die menschlichen Beziehungen gehen Jungfrauen nach diesem Muster an. Sie leiden, wenn es ihrem Partner nicht gutgeht, und versuchen, auch dessen Leben zu optimieren und dafür zu sorgen, dass er oder sie in kein Ungemach hineinschlittert. Das alles geschieht aus Liebe, aus echter und aufrichtiger Liebe zum Leben und zu den Mitmenschen.

Natürlich ist dies mit Stress verbunden. Zum einen sind Jungfrauen oft zu anspruchsvoll und genau und können – gleich der Darmwand – nicht genügend abschalten. Zum anderen sind sie von Menschen umgeben, die zum Teil einer ganz anderen Lebenseinstellung folgen und ihnen durch ihre unvernünftige Lebensweise großen Ärger und viele Sorgen bereiten. Vor allem quälen sie Unstimmigkeiten in ihren Beziehungen. Aber dennoch ist

Alleinsein alles andere als eine Alternative, denn ihr Innerstes erlebt Alleinsein als Scheitern: »Ich bin nicht gut genug! Ich habe versagt!« Der Stress schlägt sich an ihrer Darmwand nieder und kann mit der Zeit zu den verschiedenartigsten Schmerzen, Problemen und Krankheiten führen.

In einer Gruppe oder in der Partnerschaft fallen Jungfraumenschen durch ihre Kritikfähigkeit auf. Einen Vorschlag oder eine neue Idee untersuchen sie zuerst auf eventuelle Fehler. Sie übernehmen also auch im sozialen Feld die Funktion der Darmwand, die den Organismus davor bewahren möchte, schädliche Stoffe aufzunehmen. Trotz ihrer Neugierde sind sie allem Neuen gegenüber grundsätzlich skeptisch und beginnen zuerst mit einer Analyse, bis sie das Neue in bekannte Teile zerlegt haben. Auch darin lässt sich unschwer das Verhalten des Darms erkennen.

Jedes Zuviel ist schädlich

Kein anderes Tierkreiszeichen spricht so prompt auf übermäßigen Genussmittelkonsum an wie die Jungfrau: zu viel Kaffee, zu viel Alkohol, zu viel Nikotin. Und sie weiß selbst, wie unausstehlich sie wird, wenn die Dreieinigkeit aus Körper, Geist und Seele auseinanderbricht. Auf der anderen Seite ist kaum jemand so fit wie die August-September-Kinder, sofern sie einige eiserne Regeln beachten: Morgens gibt es grundsätzlich Tee und Obst (kein Müsli, das bläht), mittags und abends leichte Kost. Ab 20.00 Uhr bekommt der Magen nur noch in Ausnahmefällen Futter. Der Schlaf einer Jungfrau hängt nämlich entscheidend davon ab, ob sie während der Nacht noch »nacharbeiten« muss, weil sie zu spät und zu üppig gegessen hat. Genauso beschäftigen sie auch nachwirkende psychische Eindrücke und Erlebnisse.

Die Jungfrau braucht sich grundsätzlich keiner Nahrung und keiner Erfahrung gegenüber zu verschließen, aber sie sollte stets bedenken, dass sie alles in besonderem Maße innerlich verarbeiten muss.

Und noch etwas: Jungfrauen besitzen einen guten Heilinstinkt und können sich in der Regel bei kleineren Malaisen mit Hilfe der

Hausapotheke, Kräutertees und bewusster Lebensführung gut selbst therapieren.

Die Apotheke der Natur

Ein Spaziergang oder eine Wanderung üben eine beruhigende Wirkung auf Jungfrauen aus. Die Natur erweist sich dabei als große Lehrmeisterin – insofern, als sich in ihr die Schöpfung als ewiges Prinzip besonders deutlich offenbart: die »große Mutter Existenz«, die alles trägt und umsorgt.

Zugleich spiegelt jede Pflanze das ureigenste Prinzip wider: Nährstoffe der Erde durch Transformation und Assimilation in Leben zu verwandeln.

In der Jungfrauzeit Ende August bis Ende September sammelt man Kalmus, Leberbalsamsamen, Eibisch-, Wassereppich- und Samenwurzel, Traubenkraut- und Hanfsamen, Schellkraut- und Wegwartwurzel, Gurkensamen, Farnkrautwurzel, Fenchelsamen, Enzian- und Süßholzwurzel, Melonen-, Steckrüben-, schwarze Kümmel- und Vogelnestsamen.

Viele dieser Kräuter dienen speziell zur Anregung der Verdauung und Aufbereitung der Nahrung im Darm. Ein Fencheltee beispielsweise wirkt gegen Blähungen, Unterleibskrämpfe und Darmverschleimungen. Das tut auch der Enzian, der ja als Enzianschnaps seit alters als Bittermittel zur Anregung der Verdauung gilt. Dass Kümmel Blähungen lindert, sollte nicht nur jede Mutter wissen. Auch die Süßholzwurzel ist ein ausgezeichnetes Mittel, um die Darmtätigkeit anzuregen. Man kaut davon einfach die in einer Apotheke erhältlichen Stengel.

Wer seine Kräuter selbst sammelt, sollte – unter Beachtung der Naturschutzvorschriften – die Pflanzen pflücken, wenn der Mond im Jungfrauzeichen steht. Die heilenden Kräfte sind dann am stärksten.

Die richtige Diät für Jungfrauen

Von Zeit zu Zeit sollte die Jungfrau eine Nulldiät durchführen. Dabei werden keinerlei Nahrungsmittel außer geringen Mengen frisch gepressten reifen Obstes zu sich genommen. Man beginnt die Nulldiät mit der Einnahme von Wasser mit Karlsbader Salz, um den Darm zu spülen. In aller Regel genügen bereits drei Tage, um ihn hinreichend zu entschlacken.

Es gibt zahlreiche Bücher über das Fasten, denen man entnehmen kann, was bei solchen Diäten im Einzelnen beachtet werden muss. Hat man vor, sie über einen längeren Zeitraum durchzuführen, ist es ratsam, dazu ärztlichen Rat einzuholen. Doch Jungfrauen sollten generell nicht zu lange und zu häufig fasten, da ihr Organismus stark auf den Entzug von Nahrung reagiert.

Beruf und Karriere

Der Dienst am Nächsten

Es wurde bereits gesagt, dass die Jungfrau im Übergang zwischen »innen« und »außen« steht. Ihr fehlt sozusagen ein eigener Standort, sie befindet sich »zwischen den Stühlen«. Daher nimmt sie alles auf und fühlt sich allem verpflichtet. Sie ist eine Dienerin, und sie dient gern, solange es mit ihrer Ethik und ihren Moralvorstellungen zu vereinbaren ist. Vielleicht sind die typischen Vertreter dieses Zeichens überhaupt die Einzigen im Tierkreis, die wirklich gern arbeiten: Etwas Sinnvolles zu tun gibt ihnen Halt und kommt ihrem Verwertungstrieb entgegen. Dann bringen sie einen unermüdlichen Arbeitseinsatz und sind sogar zu Geniestreichen fähig. Dieses Ganze kann in einer Firma, einem Restaurant, einer Bar, einem Laden oder Büro stattfinden, es kann die eigene Karriere betreffen oder die Aufgabe, anderen zu helfen.

Jungfrauen besitzen einen starken Hang zu Heilberufen. Kranken zu helfen entspricht ihrem Wunsch, etwas Sinnvolles zu tun. Leidenden Erleichterung zu verschaffen, sie gesund zu pflegen, zu trösten und, wenn es sein muss, an die Schwelle des Todes zu begleiten, dabei folgen sie ihrer Berufung. Jungfrauen sind neben Skorpionen und Fischen die besten Krankenpfleger, Ärzte, Psychotherapeuten und Heilpraktiker. Ein weltbekanntes Beispiel war die Jungfraugeborene Mutter Teresa, die für ihren sozialen Einsatz in Indien den Friedensnobelpreis erhielt.

Damit jetzt aber nicht der Eindruck entsteht, Jungfrauen wären nur für den Heil- und Pflegeberuf geeignet, will ich noch einige Beispiele aus einem ganz anderen Metier hinzufügen.

Systematisieren, rationalisieren, organisieren

Weil Jungfrauen Arbeit nicht als Last, sondern als ihre Bestimmung annehmen, die zum Leben gehört wie Essen, Schlafen oder Atmen, ist ihre Arbeitsdisziplin einfach bewundernswert. Sie können alles Übrige zurückstellen, um sich völlig einer von anderen oder von ihnen selbst gestellten Aufgabe zu widmen. Natürlich hinterlässt so etwas Eindruck. Zusammen mit ihrer Zuverlässigkeit sind sie wie geschaffen für den Beruf eines Sekretärs bzw. einer Sekretärin, des Chefs vom Dienst und sämtliche andere Tätigkeiten mit Dienstleistungscharakter.

Sie sind genial darin, Arbeitsprozesse zu optimieren. Eine Jungfrau, der man die Regie über Rationalisierungsmaßnahmen anvertraut, wird das Beste herausholen. Sie wird immer Möglichkeiten entdecken, um Zeit und Kraft einzusparen.

Wegen ihres diesbezüglichen Geschicks verrichten typische Jungfrauen in der Regel mehr als nur eine Arbeit, sie haben einen Haupt- und einen Nebenjob, schaffen tagsüber hier und abends dort. So etwas ist natürlich nur möglich, wenn die Arbeitsabläufe optimal organisiert und gestrafft sind.

Ich kenne den leitenden Direktor eines Unternehmens, das mehrere Zeitschriften produziert. Während eines Tages arbeitet er in verschiedenen Etagen, von denen jede ein anderes Blatt produziert. Sobald er ein Stockwerk betritt, versammeln sich sofort alle Ressortchefs und die Mitarbeiter der jeweiligen grafischen Abteilung; es werden dann der neueste Stand der Entwicklung sowie alle möglichen Ideen und Vorschläge erörtert. Da seine Presseerzeugnisse wöchentlich erscheinen, kann man sich vorstellen, was dieser Mann täglich von acht Uhr morgens bis fünf Uhr am Nachmittag leistet. Dazu kommen regelmäßige Treffen mit den Trägern des Projekts und verschiedenen Sponsoren. Er sagt, dass sein Arbeitstag – Flug- bzw. Pkw-Reisen eingerechnet – immer um sechs Uhr beginnt und nie vor acht Uhr abends zu Ende ist. Dieser Mann ist ein Jungfraugeborener.

Zur schreibenden Zunft hat die Jungfrau ohnehin einen direkten

Draht. Wie an anderer Stelle bereits gesagt wurde, ist Hermes bzw. Merkur ihr Schutzpatron. Er galt in der griechischen Mythologie als Helfer auf geistigem Gebiet, wurde beispielsweise auch als Patron der Redner verehrt. Jungfrauen leisten ebenfalls Beachtliches als Rhetoriker (man erinnere sich an die Reden des Politikers Franz Josef Strauß) oder auf dem Gebiet der Sprachen. Und über die berühmten Schriftsteller unter den Jungfrauen wurde ja schon berichtet.

Was bei der Jungfrau noch besticht, ist ihr Realitätssinn. Kein anderes Tierkreiszeichen macht sich so wenig Illusionen und betrachtet Gegenwart und Zukunft mit so nüchternen Augen. Sie können rechnen, und zwei und zwei ist für sie eben vier und nicht vier- oder dreieinhalb.

Bemerkenswert sind auch ihre scharfe Beobachtungsgabe und ihr großer Sinn für Systematik, Planung und Ordnung. Durch ihre Zuverlässigkeit und Gewissenhaftigkeit sind sie hervorragend für Vertrauensposten geeignet, für exakte statistische Berechnungen, zum Führen von Listen, Kartotheken, als Buchalter (EDV), Steuerberater, Revisoren oder in der Verwaltung. Im Handwerk sind es besonders Klein- und Feinarbeiten wie bei Zahntechnikern oder Uhrmachern. Unter den Wissenschaften sind es vor allem Mathematik und Physik.

Eine Jungfrau ist ein ausgesprochenes Multitalent: Sie kann grundsätzlich alles, und sie macht prinzipiell alles gut. Aber sie muss von einem Sinn, einem größeren Ganzen getragen sein. Je umfassender dieses übergeordnete Ganze ist, dem sie dient, umso mehr wächst sie selbst. Sie ist der Diener, der aufblüht, indem sie seinem Herrn zur Größe verhilft.

Das Arbeitsumfeld und die Berufe

Wo arbeiten Jungfrauen am liebsten?

Jungfrauen arbeiten gern in Berufen mit aufopferndem Charakter (alle Pflege- und Heilberufe). Des Weiteren findet man sie häufig dort, wo es um die Erforschung der äußeren und inneren Welt geht (alle systematischen Wissenschaften, besonders Mathematik, Psychologie und Astrologie). Auch da, wo es um Organisation und Ausführung geht (Sekretär, Manager, Verwaltung, Dienstberufe), finden sich vor allem Jungfrauen. Darüber hinaus arbeiten sie gern in einem Umfeld, in dem Urteilsfähigkeit und kritische Beobachtungsgabe gefragt sind (technische Berufe) und Erziehung eine Rolle spielt (Lehramt). Zu guter Letzt sind natürlich noch sämtliche Dienstleistungstätigkeiten zu nennen (Gastronomie, Reiseservice, Hygiene, Kosmetik und dergleichen).

Berufe der Jungfrauen

A/B (Angesteller/Beamter) Arbeitsverwaltung, A/B Behörden Bund/Länder, A/B Bergverwaltung, A/B Bundesbank, A/B Finanzverwaltung, A/B Gewerbeaufsicht, A/B Kommunalverwaltungen, A/B Sozialversicherungsanstalten, A/B Strafvollzugsdienst, A/B Wetterdienst, A/B Zoll, Agraringenieur, Altenpfleger, Anwendungsprogrammierer, Apotheker, Archäologe, Archivar, Arzt, Arzthelfer, Astrologe, Astronom, Astrophysiker, Atem- und Stimmlehrer, Berufe in Umweltorganisationen, Berufsschullehrer, Bilanzbuchhalter, Biochemiker, Biologe, Biologielaborant, Biophysiker, Botaniker, Buchhalter, Bürogehilfe, Bürokaufmann, Chemielaborant, Chemiker, chemisch-technischer Assistent, Chemotechniker, Computerlayouter, Datenbankspezialist, Dipl.-Ing. Elektrotechnik, Dipl.-Ing. Fachrichtung Chemie, Dipl.-Ing. Fertigungstechnik, Dipl.-Ing. Hoch- und Tiefbau, Dipl.-Ing. Konstruktion, Dipl.-Ing. im Metallbereich, Dipl.-Ing. Verfahrenstechnik, Dipl.-Ing. Vermessungswesen, Diplombetriebswirt, -forstwirt, -holzwirt, -informatiker, -mathematiker, -pädagoge, -physiker, -sozialarbeiter, -volkswirt, Dorfhelfer, EDV-Organisator, Elektro(nik)techniker, Energiemanager, Entwicklungshelfer, Facharzt, Fachlehrer, Fachwirt für Tagungs-, Kongress- und Messewirtschaft, Fahrlehrer, Familienpfleger, Friseur, Fußpfleger, Gartenbauarchitekt, Gärtner, Gebäudetechniker, Gentechniker, Geograph, Geologe, Geophysiker, Germanist, Gewerbelehrer, Grund- und Hauptschullehrer, Haustechniker, Hebamme, Heilerziehungspflegehelfer, Heilerziehungspfleger, Heilpädagoge, Heilpraktiker, Heimerzieher, Heimleiter, Hochschullehrer, Hotelkaufmann, Informatiker, Informationsbroker, Jugendpfleger, Jurist, Kernphysiker, Kindergärtner, Kinderkrankenschwester, Kinderpfleger, Kosmetiker, Krankengymnast, Krankenpfleger, Landschaftsplaner, Landwirt, Lebensmittelchemiker, Lehrer in der Erwachsenenbildung, Masseur, medizinisch-technischer Assistent (MTA), medizinischer Bademeister, Mikrobiologe, Mineraloge, Mitarbeiter der Deutschen Bahn AG, Museumswärter, Netzwerkspezialist, Notar, Ökologe, Ökomanager, Organisator, Philologe, Philosoph, Physiklaborant, Politologe, Postangestellter, Privatdozent, Polizist, Programmierer, Psychotherapeut, Realschullehrer, Recyclingfachmann, Restaurator, Schneider, Sekretärin, Sonderschullehrer, Sozialwissenschaftler, Speditionskaufmann, Statistiker, Steuerberater, Steuerbevollmächtigter, technischer Zeichner, Teletutor, Theologe, Tierarzt, Tierpräparator, Umweltberater, Verkäufer, veterinärmedizinischer Assistent, Werklehrer, Wirtschaftsprüfer, Zahnarzt, Zahnarzthelfer.

Test: Wie »jungfrauhaft« sind Sie eigentlich?

In diesem Test kann man erfahren, wie jungfrauhaft man als Jungfraugeborener ist. Man gehe dabei folgendermaßen vor: Möchte man eine Frage mit einem Ja beantworten, soll man jeweils die Zahl ankreuzen. Wenn man also gern Testfahrer wäre, kreuzt man die Zahl 1 an (ein Nein wird nicht notiert).

	+	–
Wären Sie gern Testfahrer?	1	
Sind Sie ein Mensch, der gern Geld zurücklegt?	2	
Haben Sie gern mit Kunst zu tun?	3	
Sind Sie gern unter Menschen?	4	
Würden Sie gern Politik machen?	5	
Sagen Sie gern anderen, was sie tun sollen?	6	
Würden Sie gern allein in einer Wetterstation arbeiten?	7	
Lesen Sie viel und gern?	8	
Möchten Sie gern schwerkranke Menschen betreuen?	9	
Ist es Ihnen egal, was Sie arbeiten, Hauptsache, das Geld stimmt?	10	
Ordnen Sie sich leicht unter?	11	
Können Sie gut warten?	12	
Ist Ihnen Harmonie wichtig?	13	
Möchten Sie auf dem Land leben und arbeiten?	14	
Stehen Sie gern in der Öffentlichkeit?	15	
Möchten Sie Falschparkern einen Strafzettel geben?	16	

	+	−
Möchten Sie als Testperson für eine Diät mitmachen?	17	
Möchten Sie Gehälter abrechnen?	18	
Unterhalten Sie andere Leute gern?	19	
Arbeiten Sie gern im Team?	20	
Könnten Sie von der Hand in den Mund leben?	21	
Interessieren Sie sich für Mode?	22	
Mögen Sie das Risiko?	23	
Führen Sie gern technische Berechnungen durch?	24	
Wären Sie gern ein Entdeckungsreisender?	25	
Mögen Sie Veränderungen?	26	
Möchten Sie auf einer Bühne stehen?	27	
Können Sie gut allein leben?	28	
Können Sie leicht auf die Tageszeitung verzichten?	29	
Möchten Sie gern Kinder betreuen?	30	
Halten Sie Gefühle für wichtiger als den Verstand?	31	
Können Sie leicht aus sich herausgehen?	32	
Liegt Ihnen das Wohlergehen anderer am Herzen?	33	
Sind Sie gern Gastgeber?	34	
Betreuen Sie gern Kranke?	35	
Sind Sie gern Lehrer?	36	
Sind Sie ein beständiger Mensch?	37	
Gehen Sie gern und häufig aus?	38	
Möchten Sie Menschen beraten?	39	
Möchten Sie Schaufenster dekorieren?	40	

	+	–
Möchten Sie gefährliche Chemikalien transportieren?	41	
Würden Sie gern an einem Bankschalter stehen?	42	
Treiben Sie gern Sport?	43	
Würden Sie gern als Diskjockey arbeiten?	44	
Würden Sie gern Astronaut sein?	45	
Können Sie sich vorstellen, im Ausland zu arbeiten?	46	
Möchten Sie gern Reporter sein?	47	
Übernehmen Sie gern Verantwortung?	48	
Würden Sie gern Fotomodell sein?	49	
Können Sie leicht bei einer Sache bleiben?	50	
Summe	——	—— ——

Auswertung

Schreiben Sie immer dann ein Plus (+) links neben die Zahl, wenn Sie die Nummern 2, 8, 9, 14, 17, 18, 24, 30, 33, 35, 36, 39, 42 angekreuzt haben (maximal dreizehnmal ein Plus).

Tragen Sie immer ein Minus (–) neben der Zahl ein, wenn Sie die Nummern 6, 7, 12, 15, 21, 23, 28, 32, 44, 45 angekreuzt haben (maximal zehnmal ein Minus).

Ziehen Sie die Anzahl der Minus- von der Anzahl der Pluszeichen ab. Die Differenz ist Ihr Testergebnis.

Interpretation

Ihr Testergebnis beträgt 5 oder mehr Punkte: Sie sind eine hundertprozentige Jungfraupersönlichkeit. Alles, was in diesem Buch über die Natur Ihres Tierkreiszeichens geschrieben steht, trifft in besonderem Maß auf Sie zu. Sie sind freundlich, zuvorkommend, arbeitsmotiviert und können einer Sache, die Sie für richtig ansehen, mit ganzem Herzen dienen. Dem Leben begegnen Sie beobachtend und analysierend. Sie sind ein »Erdmensch«, der seine Erfahrungen vor allem mit Hilfe seiner fünf Sinne macht.

Ihr Testergebnis liegt zwischen 0 und 4 Punkten: Bei Ihnen ist das Jungfraunaturell gedämpft. Wahrscheinlich haben Sie einen Aszendenten, der die Qualität Ihrer Jungfraupersönlichkeit in einer anderen Richtung beeinflusst. Oder Ihr Mondzeichen hat diese Wirkung. Für Sie ist es daher interessant, die Stellung Ihres Mondes und Ihren Aszendenten im zweiten Teil dieses Buches kennenzulernen. Es kann aber auch sein, dass Sie durch frühere Erfahrungen dazu veranlasst wurden, Ihr Jungfraunaturell abzulehnen. Dann ist es besonders wichtig, dass Sie sich damit wieder anfreunden und es mehr zulassen.

Ihr Testergebnis beträgt weniger als 0 Punkte: Sie sind eine untypische Jungfraupersönlichkeit. Wahrscheinlich haben Sie einen Aszendenten, der sich völlig anders als das Jungfrauprinzip deuten lässt, oder Ihr Mond steht in einem solchen Zeichen. Es wird sehr spannend für Sie sein, dies im zweiten Teil des Buches herauszufinden. Sie haben es aber im Lauf Ihres Lebens womöglich auch für nötig befunden, Ihre Jungfrauseite abzulehnen und zu verdrängen. Es ist daher Ihre Aufgabe, sich mit diesem Teil Ihrer Persönlichkeit wieder anzufreunden: Sie sind zum großen Teil ein »Geschöpf der Erde« mit einem Naturell, das dafür geschaffen ist, dem Leben zu dienen, das Niedere zu erhöhen und aus Stofflichem Leben zu schaffen.

Teil II
Die ganz persönlichen Eigenschaften

Der Aszendent und die Stellung von Mond, Venus & Co.

Vorbemerkung

In Teil I wurde erläutert, wie man zum »Sternzeichen« Jungfrau kommt, nämlich dadurch, dass die Sonne zum Zeitpunkt der Geburt in diesem Abschnitt des Tierkreises stand. Nun gibt es in unserem Sonnensystem bekanntlich noch andere Himmelskörper, von denen der Erdtrabant Mond und die Planeten für die Astrologie bedeutsam sind. Sie alle haben ebenfalls entsprechend ihrer Stellung bei einer Geburt eine spezifische Aussagekraft. Obendrein spielen auch noch der Aszendent, die astrologischen Häuser und weitere Faktoren eine Rolle. Alles zusammen ergibt ein Horoskop.

Dieses Wort hat seine Wurzeln im Griechischen und heißt so viel wie »Stundenschau«, weil ein Horoskop auf die Geburtsstunde (eigentlich Geburtsminute) genau erstellt wird. Es ist also eine – in Zeichen und Symbole übersetzte – Aufnahme der astrologischen Gestirnskonstellation zum Zeitpunkt einer Geburt. Es spiegelt die vollständige Persönlichkeit eines Menschen wider.

Im Folgenden werden die neben der Sonne wichtigsten Größen eines Horoskops gedeutet: Aszendent, Mond, Merkur, Venus, Mars, Jupiter und Saturn. Sie können mit Hilfe des Geburtstags und der Geburtszeit ihre Position im Tierkreis ermitteln und dann die jeweilige Bedeutung kennenlernen. Die Interpretation dieser Horoskopfaktoren ist manchmal vom Sonnenzeichen des oder der Betreffenden abhängig, im Großen und Ganzen jedoch nicht. Entsprechend findet man in den verschiedenen Bänden dieser Buchreihe in der jeweiligen Beschreibung die gleichen oder ähnliche Aussagen.

Auf der anderen Seite ist es wichtig, zu verstehen, dass die Interpretation einer einzelnen Größe wie zum Beispiel Aszendent,

Mond oder Sonne immer nur einen bestimmten Aspekt wiedergibt, der eventuell widersprüchlich zu dem sein kann, was über einen anderen Faktor gesagt ist. Die Kunst der Astrologie besteht aber gerade darin, Verschiedenes, eventuell sogar sich Widersprechendes, miteinander zu verbinden bzw. gemäß der eigenen Intuition und Erfahrung zu gewichten.

Wie erfährt man nun, in welchem Tierkreiszeichen die weiteren Horoskopfaktoren stehen? Astrologen mussten früher tatsächlich den Himmel studieren, um herauszufinden, welche Position die wichtigen Gestirne einnahmen. Aber wie gesagt erstellten findige Köpfe schon bald Tabellen, sogenannte Ephemeriden, denen man den Lauf der Planeten entnehmen konnte. Seit der Erfindung und Verbreitung der Computertechnologie kann man nun auch auf diese Ephemeridenbücher verzichten. Man ersteht ein Astrologieprogramm, gibt Geburtstag, -zeit und -ort ein, und auf einen Klick erscheinen alle Angaben, die man braucht. Heute ist infolge der großen Verbreitung des Internets auch das eigene Astrologieprogramm überflüssig geworden. Im World Wide Web existieren Plattformen, auf denen sich ebenfalls ganz einfach die Planetenpositionen errechnen und darstellen lassen. Man kann zum Beispiel über die Homepage des Autors sämtliche Angaben über die exakte Position von Sonne, Mond, Aszendent und der weiteren Gestirne in einem Horoskop kostenlos herunterladen. Die Adresse: www.bauer-astro.de.

Die Grafik auf Seite 90 zeigt das Horoskop des Jungfraugeborenen Johann Wolfgang von Goethe. Er ist am 28. August 1749 um 12.30 Uhr in Frankfurt/Main geboren. Das Horoskop hält seinen Geburtsmoment grafisch fest. Die Sonne ☉ stand im Zeichen Jungfrau oben im Horoskop ♍. Aber die Sonne ist nur eine Größe seines Horoskops. Man erkennt links den Aszendenten *AC*, der im Skorpionzeichen ♏ liegt. Der Mond ☽ befand sich bei der Geburt Goethes im Zeichen Fische ♓. Außerdem sind noch viele weitere Gestirne und wichtige Punkte im Horoskop enthalten. Ein ausführliches Horoskop berücksichtigt die Position aller Gestirne und des Aszendenten und kommt erst dann zu einer umfassenden und gründlichen Persönlichkeitsdiagnose.

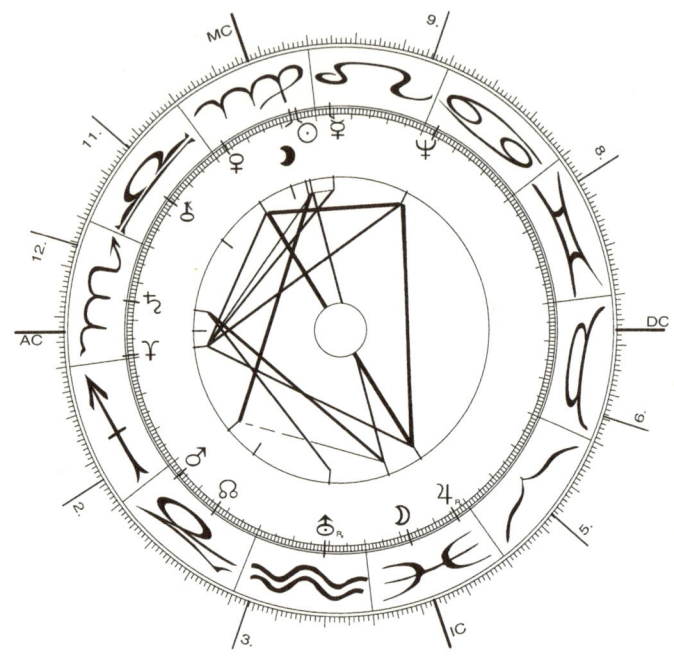

Der Aszendent – Die individuelle Note

Die Bedeutung des Aszendenten

Wir sprechen in diesem Buch vom Sonnenzeichen Jungfrau, dies ist aber wie gesagt nur *ein* Aspekt einer Persönlichkeit. Die Astrologie kennt noch viele andere, wovon der Aszendent der wichtigste ist. Für die Bestimmung des Aszendenten muss man allerdings die genaue Geburtszeit kennen. Sie ist erfahrbar, weil sie auf dem Standesamt des Geburtsorts festgehalten wird. Wenn Sie also nicht die Zeit kennen, zu der Sie das Licht der Welt erblickt haben, können Sie dort anfragen und um Auskunft bitten.

Als ich vor über dreißig Jahren damit begann, Horoskope zu erstellen, war ich zunächst sehr erstaunt darüber, dass die Geburtszeit neben dem Geburtstag in den Büchern der Standesämter festgehalten wird. Der Geburtstag dient dem Staat neben anderen Angaben zur eindeutigen Identifizierung einer Person. Aber welchen Zweck erfüllt die Geburtszeit für die Bürokratie? Für mich liegt darin auch heute noch kein größerer Nutzen als dieser: Durch die schriftliche Fixierung der Geburtszeit liefern die Behörden der Astrologie die wichtigste Berechnungsgrundlage und ermöglichen so jedem Menschen einen Blick auf den ganz persönlichen, einzigartigen Anfang seines Lebens.

Der Aszendent symbolisiert die individuelle Note. Das Sonnen- oder Tierkreiszeichen Jungfrau hat man ja gemeinsam mit allen Menschen, die zwischen dem 24. August und 23. September geboren sind. Der Aszendent jedoch ergibt sich aus der ganz persönlichen Geburtszeit. Aber was bedeutet der Aszendent? Bekanntlich dreht sich die Erde in zirka 24 Stunden um ihre eigene Achse. Von der Erde aus gesehen, beschreibt die Sonne dabei aber einen Kreis um unseren Planeten. Dieser Kreis wird – ebenso wie beim scheinbaren Kreislauf der Sonne um die Erde innerhalb eines Jahres – in zwölf Abschnitte unterteilt: die zwölf Zeichen des Tierkreises. Entsprechend steigt am östlichen Horizont etwa alle zwei Stunden ein neues Tierkreiszeichen auf. Dasjenige, das zum Zeitpunkt einer Geburt (oder eines anderen wichtigen Ereignisses) gerade dort aufging, nennt man »Aszendent« (dieser Begriff ist abgeleitet vom lateinischen Verb *ascendere* = »aufsteigen«).

Die Deutung des Aszendenten ist auch dementsprechend: Zunächst einmal wollen die Anlagen (repräsentiert durch den Aszendenten) das Gleiche wie das Tierkreiszeichen am Himmel, nämlich »aufgehen«. Wenn jemand zum Beispiel Aszendent Widder »ist«, strebt die durch dieses Zeichen symbolisierte Kraft danach, im Leben des Menschen mit Aszendent Widder aufzugehen. Es versuchen sich also Widderkräfte zu verwirklichen. Allerdings sind mit einem bestimmten Aszendenten zwar bestimmte Muster und Energien vorgegeben. Aber es bleibt immer eine Freiheit in der Gestaltung. Je mehr es einem gelingt, sich vom Allgemeinen abzuheben, umso individueller und einmaliger wird man sein und umso eher erfüllt man seine eigentliche Bestimmung, nämlich ein einmaliger und unverwechselbarer Mensch zu sein.

Ergänzen sich Aszendent und Tierkreiszeichen, dann fällt dies leicht. Zuweilen sind sie aber völlig entgegengesetzt. Entsprechend fällt es einem schwerer, seinen Aszendenten neben seinem Sternzeichen in sein Leben zu integrieren. Der Aszendent dient also einerseits dazu, uns eine individuelle und besondere Note zu verleihen. Darüber hinaus begleitet den Aszendenten ein Sehnen, sich in eine kosmische oder spirituelle Kraft zu verwandeln, »in den Himmel zu steigen«, wie ja auch das tatsächliche Aszendentenzeichen sich im Osten von der Erde erhebt und gen Himmel strebt.

Auf den folgenden Seiten finden sich die zentralen oder wichtigsten Eigenschaften der zwölf möglichen Aszendenten von Jungfraugeborenen.

Die exakte Aszendentenposition lässt sich über die Homepage des Autors herunterladen (www.bauer-astro.de).

Die Jungfrau und ihre Aszendenten

Aszendent Widder – Ein Krieger werden

Aszendentenstärken Direkt, spontan, dynamisch, durchsetzungsstark

Aszendentenschwächen Ungeduldig, launisch

Mit dem Aszendenten Widder kommt man auf die Welt, um ein Krieger zu werden. Dieses Wort bedarf einer besonderen Erklärung. Denn mit einem Krieger verbindet man gewöhnlich schreckliche Geschehnisse, schwerbewaffnete Männer (und Frauen), die – meist einem Befehl folgend – töten, foltern, vergewaltigen, enteignen, vertreiben, zerstören, vernichten. Das mögen durchaus auch unerlöste Anteile dieser Aszendentenenergie sein, sie haben aber mit einem bewussten und wissenden Umgang damit nichts zu tun. Der »Krieger« in unserem Sinn steht vielmehr für das Leben. Er verkörpert Initiative, Kraft, Lebendigkeit. Nichts, aber auch gar nichts verbindet ihn mit Zerstörung, Verletzung oder gar Tod. Im Gegenteil. Die höchste Vollendung als Krieger besteht darin, dass er alles aus dem Bewusstsein heraus tut, beim Punkt null zu beginnen. Nichts war schon einmal. Alles ist neu. Der Atem. Das Öffnen der Augen. Das Gehen. Menschen mit dem Aszendenten Widder werden ihr ganzes Leben lang immer wieder neu geboren. Alles, was ihnen widerfährt, zählt als Herausforderung.

Diese Menschen lernen aus Problemen, Schwierigkeiten und Behinderungen, so dass sie in Zukunft gewappnet sind. Auch die Angst werden sie mit der Zeit kennenlernen und wie ein Krieger an ihr wachsen. Angst gleicht einem Heer unsichtbarer Gegner. Man spürt nur, dass man bedrängt wird, eingeengt ist, nicht weiterkann. Aber hat man nicht schon bei der Geburt die Erfahrung gemacht, dass es immer weitergeht? Man darf nicht stehen bleiben. Wenn man nicht aufgibt, wird man immer stärker im Leben. Vielleicht muss man zuweilen nachgeben, sich aber sein Ziel immer vor Augen halten. Umwege und Pausen sind denkbar, doch den eigentlichen Weg wird man nie aus den Augen verlieren.

Mit diesem Aszendenten ist eine jugendliche Gestalt verbunden, und zudem sind so manche »wilden« Unternehmungen älteren Menschen oft nicht mehr möglich. Trotzdem sollten sie ihren Körper sorgfältig pflegen und im Rahmen des Möglichen ertüchtigen. Regelmäßige Gymnastik und eine gesunde Ernährung sind einfach unerlässlich. Noch wichtiger aber ist die geistige Beweglichkeit. Aszendent-Widder-Menschen haben in der Regel das Glück, im Alter fit im Kopf zu bleiben. Aber sie müssen ihren Geist auch immer wieder trainieren. Außerdem können sie den geistigen Alterungsprozess durch Nahrungsergänzungen (Ginkgo zum Beispiel) hinausschieben. Es geht im Alter auch darum, mehr und mehr für Inspirationen empfänglich zu werden. Sich ihnen zu öffnen bedeutet, an der Welt der Ideale, dem Sein, unmittelbar teilzuhaben.

Wenn der Tod irgendwann kommt, werden sie auch diesem Faktum als Krieger begegnen: Sie haben ihren letzten großen Kampf vor sich und stellen sich ihm – mutig, entschlossen, bereit.

Aszendenten-Check

Wie ergänzen sich Sonne und Aszendent? Das Sonnenzeichen Jungfrau und das Aszendentenzeichen Widder sind widersprüchlich. Das Widderprinzip setzt auf Bewegung und Dynamik, das Jungfrauprinzip auf Ordnung und Statik. Man gerät daher immer wieder in ein Spannungsfeld zwischen Antrieb und Hemmung. Letztendlich profitiert man aber davon, weil einerseits Aktivitäten nicht verpuffen und man andererseits nicht vor lauter Ruhe erstarrt.

Aszendent Stier – Ein Alchemist werden

Aszendentenstärken Solide, sachlich, praktisch, sinnlich, kreativ, schöpferisch
Aszendentenschwächen Stur, unflexibel

Die Bezeichnung »Alchemist« in diesem Zusammenhang stammt von einem Koch mit dem Aszendenten im Zeichen Stier, der – erst 22 Jahre alt – bereits Chef über fünf weitere Köche war und mir in einer Astrologiesitzung sagte: »Ich bin eigentlich ein Alchemist. Ich mache aus einfachen Zutaten (Zucker, Mehl, Eier, Orangensaft …) ein Gericht, an dem sogar die Götter ihre Freude hätten.« Natürlich lassen sich nicht nur einfache Lebensmittel in »Götterspeisen« transformieren. Genauso klappt es mit Häusern (Architekt), Wohnungseinrichtungen (Innenarchitekt), Pflanzen (Gärtner) und tausend anderen Aufgabenfeldern. Ich frage mich manchmal, ob die Fähigkeit mancher Menschen, ihr Geld mit

Hilfe von Spekulation zu vermehren, nicht auch eine moderne Form der Alchemie darstellt. Ob vielleicht Börsianer wie die Alchemisten im Mittelalter Beschwörungsformeln aussprechen, damit ihre Aktien steigen?

Alles lässt sich im Sinne der Alchemie in einen höheren Zustand transformieren. Es ist eine Frage des Bewusstseins. Wenn man sich einmal darüber klar ist, dass man diese Gabe besitzt, geht man anders durchs Leben, nämlich mit der Absicht, zu verschönern, alles sinnlicher, angenehmer, vollendeter werden zu lassen. Dann blühen plötzlich Rosen in prächtigeren Farben, der Himmel bekommt ein tieferes Blau, und das Glas Wasser, das man gerade trinkt, schmeckt wie ein nie gekosteter Hochgenuss: Die eigenen Sinne zu verfeinern ist der erste Schritt eines Alchemisten – das Sehen, Hören, Riechen, Schmecken, Tasten. Dann folgt der zweite: die Welt draußen formen, das Outfit, die Wohnung, das Büro. Am Anfang braucht ein Alchemist noch Zeiten des Rückzugs, um sich zu sammeln und seine eigene Sinnlichkeit abseits allen Treibens zu trainieren. Aber mit der Zeit wird die ganze Welt sein Experimentierraum, und sein »Unterricht« dauert 24 Stunden. Selbst seine Träume beginnen sich zu gestalten, bekommen intensivere Farben und erzählen von fernen Welten – dem Garten Eden oder dem Schlaraffenland.

Der große Erleuchtete Buddha war sowohl von der Sonne als auch vom Aszendenten her ein Stier. Es heißt, dass dort, wo er ging, die Vögel noch lieblicher sangen und die Blüten der Bäume noch intensiver dufteten. Auch Orpheus, einem anderen erleuchteten Wesen, kann man ruhig einen Stieraszendenten »andichten«, obwohl natürlich keine offiziellen Angaben über seine Geburt existieren. Dem Mythos zufolge sang er so vollendet, dass alles um ihn herum verstummte: die Vögel und die Insekten, sogar die Wellen des Meeres und der Wind. Wie ein Buddha, wie Orpheus, so sollen Menschen mit dem Aszendenten Stier durchs Leben gehen.

Im Alter schwindet so manche der Sinnesfreuden: Essen und Trinken haben meist nur noch nährende Funktion, der Sex reduziert sich auf ein bescheideneres Maß. Ausgleichend und die Sinne verfeinernd wirkt zum Beispiel die Beschäftigung mit Kunst, egal, ob man sich ihr nur betrachtend oder durch eigenes künstlerisches Tun widmet. Menschen mit dem Aszendenten im Zeichen Stier können jeden Ort, an dem sie leben, zum Garten Eden werden lassen.

Auch dem Tod begegnet ein Alchemist mit dem Mut, ihn zu erhöhen. Er stirbt nicht in Umnachtung, bewusstlos, verkrampft. Er nimmt die letzte große Aufgabe dieses Lebens an und schreitet anmutig hinüber in ein anderes.

Aszendenten-Check

Wie ergänzen sich Sonne und Aszendent? Das Sonnenzeichen Jungfrau und das Aszendentenzeichen Stier ergänzen sich ausgezeichnet und führen dazu, ein Mensch zu werden, in dessen Nähe alles wächst und gedeiht. Man ist realistisch, aber nicht dogmatisch, erdverbunden, aber nicht materialistisch. Etwas stur und unflexibel ist man gelegentlich allerdings auch, aber da kann man ja auch bewusst gegensteuern.

Aszendent Zwillinge – Ein Kundschafter werden

Aszendentenstärken Gewandt, beredt, vielfältig, kommunikativ, verbindend

Aszendentenschwächen Zerstreut, unsicher

Wer unter dem Aszendenten Zwillinge auf die Welt kommt, ist immer irgendwie unterwegs – in Wirklichkeit oder in Gedanken. Er nimmt von hier etwas mit, trägt es nach dort, tauscht es mit etwas anderem aus und trägt das dann wieder mit sich fort. Dieser Aszendent macht zu einem Kundschafter, zu einem, der erforscht, entdeckt, ausspioniert, analysiert – und der sein Wissen dann weitergibt. Die Betroffenen behalten es nicht für sich, wenigstens nicht dauerhaft wie jemand mit dem Aszendenten Stier, der das, was er hat, behält und vermehrt. Die Bestimmung der Menschen mit

Zwillingeaszendent lautet anders: Sie sind der Welt immer nur eine Zeitlang teilhaftig, verbinden sich, behalten, lassen wieder los.

Ein Kundschafter ist wissbegierig. Wo immer er sich aufhält, was immer er tut, er nimmt es mit all seinen Sinnen auf. Dennoch bleibt er in seinem Inneren neutral, er hält Distanz, er lässt sich nicht vereinnahmen. Er geht durchaus eine Beziehung ein. Er ist, was er tut, und ist es auch wieder nicht. Ein »Macher« und »Beobachter« zugleich. Insofern wird er auch immer irgendwie gespalten sein, doppelt – ein Zwillingswesen eben.

Menschen mit Zwillingeaszendent treten nicht als Krieger und Eroberer und auch nicht als Verteidiger und Beschützer auf. Sie sind neutral und friedlich. Ein Kundschafter sein bedeutet, die Kunst der Neutralität bei jeder Gelegenheit zu trainieren. Das heißt nicht, dass man keine Emotionen mehr haben soll. Aber man lernt zunehmend, sich von außen zu betrachten, sich selbst zu beobachten. Auf diese Weise identifiziert man sich immer weniger mit seinen oder den Gefühlen seiner Mitmenschen. Das bringt einem dann auch gelegentlich den Vorwurf der Oberflächlichkeit ein. Denn sich in allem wiederzufinden lässt einen an Tiefe verlieren. Damit muss man mit diesem Aszendenten leben. Kunde nehmen, Kunde weitertragen, Kunde bringen: Darin liegt die Bestimmung.

Zwar wird es um Menschen mit einem Zwillingeaszendenten auch im Alter nicht so schnell ruhig, weil sie sich vorausschauend mit genügend Kontakten »eindecken«. Dennoch hinterlassen die Jahre ihre Spuren. Dann kommt es darauf an, ob man weiß oder zumindest ahnt, dass alles, was man in der Außenwelt suchte, eigentlich schon immer in einem selbst war und dass »allein sein« auch »alleins sein« bedeutet. Dann bringt das Alter Schönheit und tiefe Befriedigung.

Aszendenten-Check

Wie ergänzen sich Sonne und Aszendent? Das Sonnenzeichen Jungfrau und das Aszendentenzeichen Zwillinge sind schwer unter einen Hut zu bringen. Um es ganz einfach zu sagen: Der »Jungfrauteil« will seine Ordnung, der Zwilling möglichst viel erleben. Das kann sehr nervenaufreibend, aber auch sehr anregend sein.

Aszendent Krebs – Ein Träumer werden

Aszendentenstärken Gefühlvoll, häuslich, sensibel, fürsorglich, mystisch, spirituell

Aszendentenschwächen Launisch, abhängig

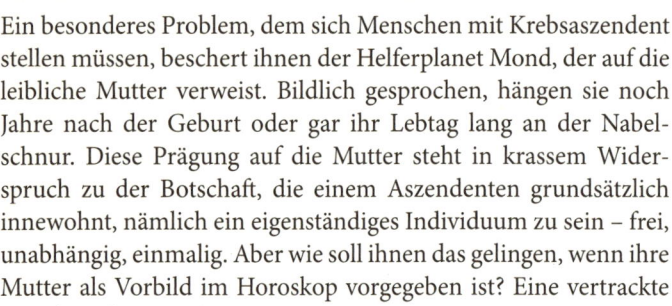

Ein besonderes Problem, dem sich Menschen mit Krebsaszendent stellen müssen, beschert ihnen der Helferplanet Mond, der auf die leibliche Mutter verweist. Bildlich gesprochen, hängen sie noch Jahre nach der Geburt oder gar ihr Lebtag lang an der Nabelschnur. Diese Prägung auf die Mutter steht in krassem Widerspruch zu der Botschaft, die einem Aszendenten grundsätzlich innewohnt, nämlich ein eigenständiges Individuum zu sein – frei, unabhängig, einmalig. Aber wie soll ihnen das gelingen, wenn ihre Mutter als Vorbild im Horoskop vorgegeben ist? Eine vertrackte Angelegenheit!

Ich meine, dass sich Menschen mit dem Aszendenten im Zeichen Krebs ein eigenes, unabhängiges Verständnis der Mutterrolle (oder des Mutterbildes) erarbeiten sollten. Sie müssen sich gewissermaßen selbst »abnabeln«. Das wird schwierig und auch sehr schmerzvoll sein. Dabei darf es ihnen nicht darum gehen, besser als ihre Mutter zu werden. Sie müssen eine eigene »Mutter-Krebs-Qualität« entwickeln, schöpferisch sein und über die alten Muster hinaus einen Weg in die Eigenständigkeit finden.

Nur auf diese Weise lässt sich der Widerspruch lösen, der in dieser Konstellation liegt. In einer ewigen Antihaltung hängen zu bleiben (bloß keine Mutter sein) oder sich anzumaßen, die eigene Mutter zu überbieten, wie es oft bei Menschen mit einem Krebsaszendenten zu beobachten ist – meist sind es Töchter –, blockiert das Leben. Eine eigenständige Mutter zu sein heißt, auf den Grund des Wassers zu tauchen. Dort finden sie die nötigen Puzzlesteine, um das eigene Bild zu vollenden.

Menschen, die mit dem Krebsaszendenten geboren werden, haben besonders leicht Zugang zu einer Zwischenwelt, einem Bereich zwischen dem sogenannten Realen und dem Spirituellen. Sie tauchen immer wieder in diese Welt ein – ob im Schlaf oder in einem Tagtraum – und tanken Kraft und erhalten Eingebungen. Träume sind eine große Quelle der Wahrheit. Allerdings haben sie viel von ihrer heilenden und heiligen Kraft eingebüßt, seitdem die Wissenschaft sie physiologisch bzw. psychologisch zu erklären sucht. Dass Träume auch eine Verbindung zur göttlichen Welt bedeuten, blieb dabei scheinbar auf der Strecke. Besonders Menschen mit dem Aszendenten im Zeichen Krebs dürfen sich davon nicht beeinflussen lassen. Ein Träumer zu sein bedeutet, die Quelle allen Seins wieder ins Leben zu integrieren. Dann bekommt die reale Welt Spuren der anderen, wird intensiv, lebendig, schöpferisch. Man erlebt sie wie ein Künstler – ein Maler, Musiker, Dichter. Vor allem aber fließt Mitgefühl in das reale Leben ein. Denn in der spirituellen Welt existiert kein Ego, das meint, sich gegen andere Egos behaupten zu müssen. Alles ist mit allem in unendlicher Liebe verbunden. Ein Träumer zu sein bedeutet jedoch keineswegs, mit halbgeschlossenen Augen durch die Weltgeschichte zu wandeln. Im Gegenteil, die Verbindung zur Anderswelt lässt einen das Leben hier bewusster und intensiver wahrnehmen.

Wenn der Mensch mit dem Aszendenten Krebs einmal alt geworden ist und dem Tod begegnet, wird er ohne Zaudern hinübergehen in die Welt, die schon immer seine Heimat war.

Aszendenten-Check

Wie ergänzen sich Sonne und Aszendent? Das Sonnenzeichen Jungfrau und das Aszendentenzeichen Krebs ergänzen sich prima, ja sie unterstützen sich regelrecht. Denn der »Jungfrauteil« ist vom Element her erdhaft und fördert Solidität und Sicherheit. Der »Krebsteil« wiederum ist energetisch Wasser, ein Symbol für Fruchtbarkeit. Die Erde der Jungfrau kann erblühen und reiche Ernte bringen.

Aszendent Löwe – Ein Glücksbringer werden

Aszendentenstärken Selbstbewusst, großzügig, sonnig, herzlich, schöpferisch

Aszendentenschwächen Stolz, träge

Wer unter dem Aszendenten Löwe das Licht der Welt erblickt, macht alle glücklich: Ein Königskind ist geboren, mögen die Verhältnisse unter dem Dach, das seine Wiege beherbergt, auch noch so ärmlich sein. Mit ihm zieht das Glück ein, und das bleibt im Grunde ein Leben lang so, wenn nicht widrige Umstände den natürlichen Charme dieser Menschen brechen. Auch Erwachsene umgibt eine besondere Ausstrahlung, eine »Grandezza«, die signalisiert: »Alle mal hersehen, jetzt komme ich!« Irgendwann hat man auch den entsprechenden Hofstaat (allesamt irgendwie besondere Typen) und in der Regel auch das nötige Kleingeld, um sich ein Dasein in Würde leisten zu können.

Aber es reicht nicht, sich sein Lebtag lang nur im Glanz dieses Sternzeichens zu sonnen. Mit dem Aszendenten ist einem auch der Auftrag in die Wiege gelegt, dem Leben Glanz, Freude und Fröhlichkeit zu verleihen und den Mitmenschen Glück zu bringen. Das ist eine schwierige Aufgabe, denn für das, was ein glückliches Dasein wirklich ausmacht, mangelt es in unseren Zeiten immer mehr an Verständnis. Nur wenige leben in solch einem Glück und verbreiten es. Wir reden nicht vom Lottogewinn oder einer steilen Karriere, sondern von dem Glück, das Fröhlichkeit in die Augen zaubert, Selbstgewissheit schafft, einen mit Zuversicht in die Zukunft blicken lässt und in diesem Vertrauen sorglos macht. Das ist ausgesprochen rar.

Muss man, um solch ein Glück verbreiten zu können, über materiellen Reichtum verfügen? Wenn ja, womit soll jemand, der arm wie die sprichwörtliche Kirchenmaus ist, seinem Leben Glanz verleihen? Nun, erstens ist ein Mensch mit Löweaszendent niemals so bedürftig; zweitens geht es nicht um das persönliche, sondern um das Leben schlechthin; und drittens kann man selbst unter den kargsten Bedingungen wie ein Sonnenkönig wirken. Die

Schönheit der Natur beschränkt sich ja nicht auf eine Rose oder Lotusblüte, wir erkennen sie genauso in einem Vergissmeinnicht oder Gänseblümchen. Nichts kann einen also daran hindern, Glück zu verbreiten, ein Glücksbringer zu sein – außer man selbst. Wenn ein Mensch mit jenem wunderbaren Aszendenten die Welt nicht für »würdig« erachtet, dieses Füllhorn zu empfangen, versündigt er sich durch solche Hybris an seiner Geburt und seinem Aszendenten. Die Sonne wählt nicht aus, wem sie ihr Licht schenkt und wem nicht. Sie verbreitet ihr Licht und ihren Glanz nicht, um zu imponieren. Das hat sie nicht nötig. Auch diese Menschen müssen nicht um Anerkennung buhlen. Bedeutsamkeit haben sie allein schon durch ihre Geburt unter dem aufgehenden Löwezeichen. Sie brauchen sich nichts mehr zu beweisen.

Älter zu werden fällt nur denjenigen schwer, die sich ausschließlich in ihrem Glanz sonnen, ihn aber nicht verschenken. Wer sich dem Leben hingibt, ergibt sich auch mit Leichtigkeit dem Tod.

Aszendenten-Check

Wie ergänzen sich Sonne und Aszendent? Das Sonnenzeichen Jungfrau und das Aszendentenzeichen Löwe kommen schlecht miteinander aus. Denn der »Jungfrauteil« lässt einen sein Ziel und seine Erfüllung in materieller Sicherheit und Ordnung sehen. Der »Löwepart« wiederum fördert Großzügigkeit: Man teilt gern, was man hat. Aus diesem Widerspruch kann aber auch durchaus ein harmonischer Fluss von Geben und Nehmen werden.

Aszendent Jungfrau – Ein Prophet werden

Aszendentenstärken Zuverlässig, logisch,
nachdenklich, planend, vorausschauend, visionär
Aszendentenschwächen Pessimistisch, kritisch

Alles im Kosmos folgt einer Ordnung, entsteht, wächst, vergeht
und fließt in einen neuen Zyklus ein. Menschen mit dem Aszendenten Jungfrau sind mit dieser Ordnung in spezieller Weise verbunden. Solche Nähe macht sie empfänglich für besondere Einsichten und Visionen und schenkt ihnen die Fähigkeit, Erfahrungen
oder Botschaften – ähnlich dem Götterboten Hermes/Merkur –
unter ihre Mitmenschen zu bringen. Auch wenn sie sich dessen
meist selbst nicht bewusst sind, sagen und tun sie zuweilen Dinge,
die sich nur so erklären lassen. Menschen mit Aszendent Jungfrau
warnen zum Beispiel vor Gefahren oder benennen Risiken. Das
führt manchmal zu einer ausgesprochenen Medialität. Ich kenne
viele Medien, Kartenleger oder Astrologen mit Jungfrauaszen-
dent. Bei ihnen paart sich das Wissen um eine natürliche Ordnung mit höheren Eingebungen oder Inspirationen. Sie erkennen
die Gesetze des physischen Daseins, wissen also, wie die »Räder
des Lebens« ineinandergreifen, und bereichern diese darüber hinaus mit Ideen, die ihnen zufallen. Auch viele Psychologen, Therapeuten, Lehrer, Sozialarbeiter, Ärzte und Krankenpfleger mit dieser astrologischen Kombination bestätigen, dass sie jenseits von
Wissen und Erfahrung über Quellen verfügen, die ihnen bei ihrer
Arbeit von unschätzbarem Nutzen sind.
Grundsätzlich verfügt jeder Mensch mit Aszendent Jungfrau über
einen Zugang und »bedient« damit sich selbst und seine Mitmenschen, erteilt Ratschläge, verweist auf Gefahren und Risiken,
spricht Warnungen aus. Wenn man allerdings den Himmel als
Ziel aus den Augen verliert und sich nur noch am irdischen Alltag
orientiert, läuft man Gefahr, alles und jeden zu »benoten«. Daraus
wird dann schnell Schwarzmalerei und Defätismus. Es gibt Menschen mit diesem Aszendenten, die die Angewohnheit haben,
jeden Impuls mit dem typischen Aszendent-Jungfrau-Satz »Das

klappt sowieso nie!« im Keim zu ersticken. Dass sie dann oft auch noch recht behalten, macht das Ganze nur noch schlimmer.

Fraglos befähigt dieser Aszendent zum »zweiten Gesicht«. Man vermag Phänomene zu »sehen«, die anderen verborgen bleiben, und besitzt »magische Flügel«, die in die Zukunft tragen. Dieses Wissen aber gilt es behutsam und verantwortlich einzusetzen. Sonst richtet es mehr Unheil an, als es Gutes bringt.

Im Alter wird die Kenntnis dessen, was auf die Jungfrauaszendenten zukommt, immer größer, bis sie wissen, was sie erwartet, wenn sie einmal hinübergegangen sind in ein neues Leben.

Aszendenten-Check

Wie ergänzen sich Sonne und Aszendent? Bei dieser doppelten Jungfraupolung kommt es ganz darauf an, ob man vor oder nach dem Sonnenaufgang geboren wurde. Man sollte sich ein Radixhoroskop erstellen lassen, denn anhand eines solchen Geburtshoroskops lässt sich diese Frage entscheiden. Wurde man vor oder genau bei Sonnenaufgang geboren, steht die Sonne im ersten Haus. Dann ist man eine »Paradejungfrau«: solide, praktisch und erdverbunden. All das, was über Jungfraugeborene im ersten Teil des Buches geschrieben wurde, trifft in besonderem Maß zu. Was den Beruf anbelangt, sollte man versuchen, eine verantwortliche Funktion zu übernehmen, denn dafür spricht diese Gestirnskonstellation.

Liegt der Zeitpunkt der Geburt nach Sonnenaufgang, wird man eher ein nachdenklicher, sensibler Mensch, der es nicht leicht hat, seine Jungfraunatur zu leben. Dafür verfügt man über besondere mentale Begabungen und ist musisch veranlagt. Durch unkonventionelles und schöpferisches Denken lassen sich neue (berufliche) Wege einschlagen. Wichtig ist bei dieser Konstellation, ein soziales Verantwortungsgefühl zu entwickeln.

Aszendent Waage – Die Liebe finden
Aszendentenstärken Anmutig, charmant, stilvoll, liebesfähig
Aszendentenschwächen Abhängig, unecht

Menschen mit dem Aszendenten Waage sind die personifizierte Harmonie und verbreiten eine friedliche, angenehme Stimmung. Das Sein erleben sie dual, das heißt stets aus doppelter Perspektive. Bezieht jemand eine bestimmte Position, dann übernehmen sie beinah automatisch die entgegengesetzte. Dazu benötigen sie noch nicht mal ein Gegenüber. Auch in sich selbst geht es stetig hin und her, als gäbe es dort zwei sich widersprechende Parts und Perspektiven. So wie sie die jeweilige Gegenposition vertreten, können sie aber auch dann, wenn derartige Polaritäten schon gegeben sind, den gemeinsamen Nenner finden. Sie verbinden, vermitteln, gleichen aus, führen zusammen.

Menschen mit Waageaszendent werden in solche Familien und Ehen hineingeboren, in denen der Haussegen »schief« hängt. Wenn sich ein Paar streitet oder gar an eine Trennung denkt, kommt ein Kind mit Aszendent Waage, um in einem vielleicht letzten Versuch die Ehe zu kitten. Solche Kinder sind regelrechte Genies darin, bei Streithähnen Frieden zu stiften. Sie bringen einen »Sternenstaub der Versöhnung« auf die Erde, mit dem sich eine Trennung oft genug hinausschieben lässt. Diese Gabe haben auch Menschen, die unter dem Sternzeichen Waage geboren werden. Sie sind sogar noch erfolgreicher darin, Ehen zu retten. Wer mit dem Aszendenten Waage geboren wird, so habe ich mehrfach festgestellt, schiebt die Trennung eher auf, als dass er sie für immer verhindern könnte.

Die Bedeutung des Aszendenten liegt in der Betonung der Eigenheit oder Persönlichkeit, die einen Menschen ausmacht. Er ist der Motor für das Bestreben, sich aus dem Sog der Familie und des Clans zu befreien, um ein eigenes Leben zu führen. Darum muss er irgendwann sein »Nest« verlassen und sein verbindendes Wirken aufgeben. Dennoch erleben Menschen mit dem Aszendenten Waage es dann als eine innere Niederlage, wenn sich ihre Eltern trennen. Sich die Logik klarzumachen, die dem Aszendenten innewohnt, vermag dann durchaus eine Hilfe zu sein.

Auch im Erwachsenenalter bleiben Menschen mit Waageaszendent der Liebe verpflichtet. Sie verschenken sie großzügig, wenn sie sie gefunden haben, und sind voller Inbrunst auf der Suche nach ihr, wenn sie ihnen gerade »entwischt« ist. Eigentlich jedoch ist ihr ganzes Leben ein Warten auf die ganz große Liebe. Warum bloß, wird man fragen, finden Menschen, die für die Liebe geboren sind, diesen einen und einzigen Partner so selten?

Die Antwort lautet: Es gibt ihn so nicht. Ein Partner, der Liebe pur ausstrahlt, nach Liebe riecht, nach Liebe schmeckt, ein Partner voller innerer und äußerer Schönheit, der göttlich lieben, sich geistreich unterhalten, sich vollständig hingeben kann und dennoch immer er selbst bleibt: Wo, bitte, findet sich solch ein Mann, solch eine Frau? Es ist der enorme Anspruch, der Menschen mit diesem Aszendenten im Weg steht. Er ist schlicht und einfach *zu* hoch. Die große Liebe der Waageaszendenten findet keine Erfüllung bei einem Wesen aus Fleisch und Blut. Erst wenn ihre Liebe zum Geschenk an das Leben wird – an ein Gedicht, an Musik, einen Baum –, fühlen sie sich am Ziel. Dann können sie jemanden auch aus ganzem Herzen lieben, weil diese Liebe nicht mehr so groß sein muss.

Vor allem im Alter strahlen Menschen mit Aszendent Waage eine Liebe aus, die auf niemand Bestimmtes mehr ausgerichtet ist und dennoch jedem zukommt. Dann wird auch irgendwann der Tod ein Teil des Lebens und verbindet sich mit ihm.

Aszendenten-Check

Wie ergänzen sich Sonne und Aszendent? Das Sonnenzeichen Jungfrau und das Aszendentenzeichen Waage sind schwer unter einen Hut zu bringen. Denn als Jungfrau ist man eher ein Realist und Praktiker, der Aszendent Waage jedoch stiftet zur Muße und Beweglichkeit an. Lernt man aber, beiden Anteilen in ausgewogenem Maß gerecht zu werden, kreiert man eine interessante und vielseitige Persönlichkeit.

Aszendent Skorpion – Unsterblich werden

Aszendentenstärken Furchtlos, unergründlich, bewahrend, leidenschaftlich

Aszendentenschwächen Misstrauisch, starr

Von dem großen Propheten Mohammed stammt der Satz: »Stirb, bevor du stirbst.« Und der Mystiker Jakob Böhme hat gesagt: »Wer nicht stirbt, bevor er stirbt, der verdirbt, wenn er stirbt!« So oder ähnlich lautet auch der Leib-und-Magen-Spruch von Menschen, die unter dem aufgehenden Skorpionzeichen geboren wurden. Das bedeutet in gar keiner Weise, dass sie real gefährdeter wären als andere. Im Gegenteil, Menschen mit dem Skorpion als Aszendent werden älter als die meisten und scheinen dabei noch robuster, also gesünder zu bleiben als ihre Zeitgenossen. Es geht auch beileibe nicht immer gleich um Leben und Tod. Diese beiden Wörter stehen nur symbolisch für das duale Lebensspiel, dem alles folgt: Kommen und Gehen, Begegnen und Trennen, Halten und Loslassen, Tag und Nacht, Plus und Minus. Jeder Mensch hat sich dieser Dualität zu stellen. Aber wer unter dem aufsteigenden Skorpionzeichen geboren wurde, ist ihr besonders ausgeliefert. Er muss in diesem »Fach« seinen Meister machen.

Ein wichtiger »Prüfungsstoff« auf dem Weg dorthin lautet, dem Schein zu misstrauen. Schon als Kinder entwickeln unter diesem Zeichen Geborene einen Blick für alles Falsche, Seichte und Aufgesetzte und schneiden notfalls tief ins »Fleisch«, wenn sie einen faulen Herd vermuten. Wozu? Weil Schwäche, Falschheit und Unaufrichtigkeit keinen Bestand haben vor dem Tod. Nur echte und starke »Materialien« können der Vergänglichkeit trotzen. Das bezieht sich auch auf ihre Beziehungen. Jeden potenziellen Partner, dem sie begegnen, unterziehen diese Aszendenten bewusst oder unbewusst einem sofortigen Check, um herauszufinden, ob er ihrem Wunschpartner entspricht, ob sie mit ihm – symbolisch gesagt – »dem Tod trotzen« können.

Kinder gehören natürlich zum Lebensskript dieser Menschen. Sie stehen sogar ganz oben in der Karmaliste. Von hundert Skorpionaszendenten bekommen 99 mindestens ein Kind – weil Kinder die sicherste Waffe gegen den Tod sind. In ihnen lebt es doch weiter, das Blut, das Erbe, der Name, die Erinnerung. Dass diese Regel nicht für jeden mit Aszendent Skorpion zutrifft, liegt lediglich daran, dass ein Horoskop eben nicht nur aus dem Aszendenten besteht.

Der Aszendent Skorpion verbindet ebenso mit den Ahnen. Es fällt einem daher immer auch die Aufgabe zu, sich um die Vergangenheit zu kümmern, sie in Ehren zu halten und sie – wenn nötig – in ein anderes Licht zu rücken, um (Karma-)Schulden einzulösen. Aber es existiert auch ein anderer Weg der Unsterblichkeit. Ich weiß von Menschen mit diesem Aszendenten, die keinerlei Angst mehr vor dem Leben haben und damit auch nicht vor dem Tod. Sie wissen, dass es immer weitergeht. Sie nehmen jeden Moment ihres Daseins als das Einzige, was zählt. Insofern sind sie unsterblich und ewig geworden. Diese Gnade erwächst aus der Hingabe an das Leben von Moment zu Moment, wie es im Aszendenten Skorpion angelegt ist. Wenn sich diese Energie aufrichtet, nach oben steigt, wird sie frei von jeglicher Schwere. Die Astrologie schuf dafür ein wunderbares Bild: Sie erhob den erlösten Skorpion zum weisen Adler. Befreit aus der Enge des stacheligen Skorpionpanzers, entweicht dieser Vogel und hebt sich in den Himmel der Unendlichkeit.

Von Moment zu Moment leben bedeutet aber auch, jeden Augenblick loszulassen – auch dann, wenn es dereinst hinübergeht in eine andere Welt.

Aszendenten-Check
Wie ergänzen sich Sonne und Aszendent? Das Sonnenzeichen Jungfrau und das Aszendentenzeichen Skorpion ergänzen sich prima, ja unterstützen sich regelrecht. Denn der »Jungfrauteil« fördert Solidität und Sicherheit, symbolisch die Erde. Der Skorpion bringt Wasser, damit Gefühl, Tiefe und Fruchtbarkeit. Bildlich gesprochen, kann auch hier die Erde der Jungfrau erblühen und reiche Ernte bringen.

Aszendent Schütze – Seelenheiler werden

Aszendentenstärken Optimistisch, aufgeschlossen, mitreißend, jovial, beseelend

Aszendentenschwächen Unrealistisch, leichtgläubig

Eine Seele, die sich inkarniert, während sich im Osten das Tierkreiszeichen Schütze in den Himmel schiebt, wird immer von Trost und Hoffnung begleitet. Wer unter diesem Aszendenten geboren wird, dem haften wundersame Fähigkeiten an: Er vermag Wunden zu heilen, die die Zeit geschlagen hat, und kann – Engeln oder kleinen Göttern gleich – dem Schicksal Schönheit und Würde verleihen.

Noch bei jedem Menschen mit dieser Konstellation, der in meine Praxis kam, gab es in der Vergangenheit ein Unglück, das nach menschlichem Ermessen nicht hätte geschehen müssen. Angehörige starben beispielsweise bei einem unnötigen Einsatz im Krieg oder wegen fehlender oder falscher medizinischer Hilfe. Solche Tragödien werden in den Familien nicht ad acta gelegt, sondern an spätere Kinder weitergegeben, die dann mit einem Aszendenten Schütze auf die Welt kommen. Diese nehmen sich auf ihre Weise des »Versagens« vergangener Zeiten an und versuchen, das Schicksal von damals durch ihre Lebensführung zu verändern. Sie wollen verhindern, dass es noch einmal so schrecklich zuschlägt. Niemand bittet diese Menschen um Hilfe oder gar um Vergeltung. Nur die wenigsten von ihnen werden sich jemals dessen bewusst, was sie eigentlich tun. Und dennoch macht sich ein Anteil in ihnen von Kindesbeinen an auf den Weg, in das Schicksal einzugreifen. Sie kommen auf die Welt, öffnen die Augen und würden, könnten sie sprechen, sagen: »Jetzt komme ich und vertreibe eure Sorgen und bringe Hoffnung. Jetzt wird alles gut.«

Menschen mit diesem Aszendenten sind häufig noch mit achtzig fit und treiben gar Sport. Sie bleiben auch im Kopf rege. Zuweilen fällt ihnen die große Gnade zu, bewusst und klaren Geistes die Schwelle des Todes zu übertreten – wissend, dass dies nicht das Ende ist.

Aszendenten-Check

Wie ergänzen sich Sonne und Aszendent? Man verfügt über beides, Inspiration und einen gesunden Menschenverstand. Aber es bedarf eines Ziels, das begeistert, und anderer Menschen, die sich begeistern lassen. Zuweilen gelangt man in einen Konflikt zwischen der materiellen und der ideellen Seite.

Aszendent Steinbock – Wahrhaftig werden

Aszendentenstärken Sachlich, objektiv, gerecht, zäh, erfahren
Aszendentenschwächen Hart, kalt

Das Sternzeichen Steinbock regiert auf der nördlichen Halbkugel der Erde die kalte Jahreszeit. Daher begleitet auch jeden, der unter diesem Aszendenten auf die Welt kommt, ein Hauch winterlicher Stimmung – obwohl ihre Geburt schon in das Ende des Winters fällt. Damit verbunden ist eine große Widerstandsfähigkeit, auch wenn sie nicht immer gleich vom ersten Atemzug an erkennbar ist. Menschen mit Steinbockaszendent kommen sogar öfter zart besaitet, zuweilen sogar mit einer Schwäche auf die Welt. Aber das Leben konfrontiert sie von Anfang an mit Härtetests nach dem Motto »Gelobt sei, was hart macht« bzw. »Du schaffst es, oder du hast hier nichts verloren«. Dieser rauhe Empfang verfolgt nur den einen Zweck: Widerstandskraft zu wecken, abzuhärten und einzustimmen auf ein Leben, das viel von einem verlangt. Das Neugeborene bekommt aber auch bedeutsame Unterstützung: Dieser Mensch wird Gipfel stürmen, etwas Besonderes leisten, Ruhm und Ehre erlangen. Er wird kein Schwächling werden, keine »Schande« bringen, kein x-beliebiges Rädchen im Getriebe des Lebens sein. Wenn ein Kind mit Aszendent Steinbock das Licht der Welt erblickt, überkommen Familie und Sippe großer Stolz. Aber es zieht zugleich Kühle ein. Diese Kinder werden weder Wärme noch Gemütlichkeit verbreiten. Mit ihnen kann man auch nicht stundenlang zärtlich schmusen. Lässt man mal fünf gerade sein, fühlt man sich in ihrer Nähe sogar ein wenig schuldig.

Später sind sich Menschen mit Aszendent Steinbock ihrer selbst sicher und leben nach festen Prinzipien und Regeln. Durch ihre Klarheit gehen sie ihrem Umfeld oft als Beispiel voran, geben Orientierung und stehen mit gutem Rat bereit. Sie beeindrucken vor allem durch ihre Standfestigkeit, weswegen sie in Notsituationen gern aufgesucht werden. Ihre Geradlinigkeit und Sachlichkeit scheinen sie unanfechtbar zu machen. Und doch können gerade diese Eigenschaften sie ins Schleudern bringen. Denn wenn man zu sehr an der Materie haftet, wird man mit der Zeit hart und spröde.

Falls man meint, die Bestimmung bestehe ausschließlich darin, sich gegen die Wogen des Lebens zu stemmen, um erfolgreich zu sein, nimmt mit fortschreitendem Alter der Körper eine verspannte Haltung ein. Vor allem Rücken und Knie sind davon betroffen. Wenn man hingegen sein Handeln auf der Erde als vorübergehend betrachtet und die Ausrichtung nach oben nicht verliert, erfährt man durch kosmische Fürsorge den Trost, den man für sein hartes Dasein braucht. Vor allem aber erfährt man sein Leben als getragen von Sinn und Bestimmung. Von solchen Menschen geht dann tatsächlich ein inneres Leuchten aus, das anderen Kraft und Sicherheit verleiht.

Im Alter wird alles leicht. Die Unbeschwertheit vermischt sich mit Weisheit und schenkt den Betreffenden glückliche Jahre, so dass sie, kommt dereinst der Tod, leichten Fußes in die andere Welt hinübergehen können.

Aszendenten-Check

Wie ergänzen sich Sonne und Aszendent? Das Sonnenzeichen Jungfrau und das Aszendentenzeichen Steinbock gehören beide dem Erdelement an und ergänzen sich daher bestens: Man ist ein praktischer, realistischer Mensch, der sein Augenmerk auf die Dinge richtet, die das Leben bequem und sicher machen können. Was dabei zu kurz kommen könnte, sind Gefühl und Intuition, Bereiche, die sich nicht so einfach »erschaffen« lassen. Man sollte daher den Kontakt mit »Wassermenschen« suchen, also mit Krebsen, Skorpionen und Fischen.

Aszendent Wassermann – Einmalig werden

Aszendentenstärken Human, frei, unkonventionell, erfinderisch, individualistisch
Aszendentenschwächen Exzentrisch, nervös

Ein Mensch, der auf die Welt kommt, während am östlichen Horizont das Sternzeichen Wassermann aufgeht, ist voller Rätsel: Wer ist er? Woher stammt er? In aller Regel gleicht er weder der Mutter noch dem Vater, so dass zumindest bei Letzterem früh Zweifel an seiner Vaterschaft aufsteigen. Aber auch die Mutter blickt skeptisch auf ihr Kind und fragt sich im Stillen, ob es womöglich nach der Geburt vertauscht wurde, so wenig ähnelt es ihr oder ihrem Mann. Zunächst verwirren äußerliche Merkmale wie Nase, Augen und Haarfarbe. Später kommen Irritationen über sein Wesen und sein Verhalten dazu. Beinah befremdlicher ist jedoch die Tatsache, dass der Nachwuchs sein Anderssein anscheinend auch noch kultiviert. Er widersetzt sich allen Erwartungen und wehrt sich vehement dagegen, in irgendein Schema gepresst zu werden.

Was Menschen mit einem Wassermannaszendenten nicht ausstehen können, sind Gesetze und Regeln a priori. Sie hassen alles, was so ist, weil es so ist oder so zu sein hat. Für sie zählen Einsicht, Vernunft und Verstehen. Man könnte auch sagen, sie folgen einer Moral, die schon vor ihrer Geburt in ihr Hirn gepflanzt wurde.

Menschen mit Wassermannaszendent stehen von Kindheit an mit Autoritäten auf dem Kriegsfuß. Heftige Auseinandersetzungen während der Pubertät bleiben bei diesem ausgeprägt individualistischen Charakter kaum aus. Dass es solche Kinder früh aus dem Haus zieht, ist nur konsequent. Man lasse sie gehen. Sie finden ihren Weg hinaus – und auch wieder einen zurück.

Im Erwachsenenalter kommen auch diese lebhaften Wesen etwas zur Ruhe. Sie dürfen aufatmen. Allerdings sollten sie sich tunlichst ersparen, in einem allzu autoritären und hierarchisch gegliederten Umfeld zu arbeiten und zu leben. Das klappt mit diesem Aszendenten nicht. Passend sind Berufe mit kreativem Potenzial und möglichst offenen Arbeitszeiten. Vierzehn Stunden als Beleuchter beim Film, wovon nur acht Stunden bezahlt werden, machen zufriedener als verbriefte acht Stunden als Beamter auf Lebenszeit. Menschen mit Aszendent Wassermann werden auch aus einem ersten Kuss nie gleich ein »immer und ewig« machen. Sie sind ausgesprochen freiheitsliebende Wesen, die sich erst dann binden wollen, wenn sie viel Erfahrung gesammelt haben.

Das Alter überrascht: Sofern sie ihre Individualität und Besonderheit gelebt haben, erwartet sie ein vergnüglicher Lebensabend, an dem sie ihrem Bedürfnis nach Freiheit und Unabhängigkeit unvermindert nachgehen können. Haben sie sich jedoch diesen Drang »verkniffen«, können sie unter Umständen absurde Gewohnheiten entwickeln. Kommt dann der Tod, ist ihre Seele neugierig und gespannt, was danach beginnt.

Aszendenten-Check

Wie ergänzen sich Sonne und Aszendent? Das Sonnenzeichen Jungfrau und das Aszendentenzeichen Wassermann sind schwer miteinander zu vereinbaren. Der »Jungfrauteil« sucht Ordnung, Zuverlässigkeit und Wiederholbarkeit, der »Wassermannpart« bevorzugt Abwechslung, Unstetigkeit und Dynamik. Das kann sehr nervenaufreibend, aber – bei genügend »Arbeit« an sich selbst und geistiger Aufgeschlossenheit – auch sehr anregend sein.

Aszendent Fische – Ein Mystiker werden

Aszendentenstärken Geheimnisvoll, intuitiv, sensibel, mitfühlend, mystisch

Aszendentenschwächen Unsicher, unrealistisch

»Tat twam asi«: Dieser Satz entstammt der indischen Philosophie und besagt, dass Objekt und Subjekt, Ich und Du, nicht getrennt, sondern eins sind. Der große Philosoph Arthur Schopenhauer (1788–1860) bezieht sich auf diesen Satz, wenn er über das Mitleid oder Mitgefühl philosophiert. Er sieht die metaphysische Grundlage des Mitgefühls darin, dass wir im Grunde alle eins sind. Wir selbst sind es also, die im anderen leiden. Und wir helfen daher der eigenen Person, wenn wir praktisches Mitleid üben.

Tiere haben kein Mitgefühl oder höchstens Spuren davon. Kleinkinder können unendlich grausam sein und zeigen in aller Regel lange nichts von diesem Mitleiden, das Heranwachsende und Erwachsene zuweilen überfällt. Menschen mit dem Aszendenten Fische sind besonders davon betroffen. Ihr Herz krampft sich zusammen, wenn sie an einem Bettler vorbeigehen. Es kann ihnen die Tränen in die Augen treiben, wenn sie andere leiden sehen. Wann immer sie jemand braucht, sind sie zur Stelle. Selbstverständlich. Sich ständig ausnutzen zu lassen geht natürlich auch nicht. Manche Menschen mit Fischeaszendent verzweifeln an ihrer Empathie, weil sie von dem, was sie geben, nie etwas zurückerhalten. Es kommt sogar nicht selten vor, dass jemand mit diesem Aszendenten hart und abweisend wird. Aber das ist nur ein Schutz gegen den weichen Kern und schadet letztlich dem Karma. Kinder mit Fischeaszendent sind zarte, sensible, sehr »durchlässige« Wesen, die die Gefühle anderer unmittelbar aufnehmen. Umgekehrt erkennt man sofort, wie es ihnen geht. Sind sie verstimmt, leiden sie, und zwar still und leise. Meist ist die Ursache ihres Kummers die Familie, für deren Schwierigkeiten sie sich »zuständig« fühlen. Die Pubertät kann schrecklich sein. Mit allen Mitteln wird um Anerkennung und Liebe gerungen, und man erliegt doch immer wieder dem »Wasser«, verliert sich und geht unter. Glück hat, wer in seiner Familie mit Toleranz und Verständnis aufwächst. Das Unglück wiederum häuft sich zu einem Berg, wenn einem auch noch die Eltern vorwerfen, nicht so zu funktionieren wie andere. Das setzt sich im Erwachsenenalter fort. Nur sind es jetzt Chefs und Kollegen, von denen man abhängig ist. Menschen mit Fischeaszendent werden es sicher leichter haben, wenn sie in künstlerischen oder sozialen Bereichen arbeiten können. Dennoch sind es letztlich die Mitmenschen, die einem das Leben leichter oder schwerer machen, egal, ob man Krankenschwester oder Verkäuferin in einem Supermarkt ist.

Das Alter bringt hier die große Erleichterung. Dann endlich können die Betreffenden loslassen und müssen niemandem mehr etwas beweisen. Bis dahin haben sie dann auch längst herausgefunden, dass Alleinsein nicht Einsamkeit bedeutet, sondern sich dabei viel eher das Gefühl einstellt, »all-eins« zu sein. Das Loslassen schafft zudem Raum für neue Interessen oder versteckte Fähigkeiten. Vielleicht ergibt sich ein künstlerisches Hobby. Ich kenne Frauen, die noch mit siebzig Astrologie oder alternative Heilverfahren studieren.

Je älter sie werden, umso stiller und zurückgezogener leben Menschen mit diesem Aszendenten – vorausgesetzt, sie sind im Frieden mit ihrem Karma. So können sie dann auch irgendwann auf dem Strom des Lebens hinübertreiben in die Anderswelt.

Aszendenten-Check
Wie ergänzen sich Sonne und Aszendent? Das Sonnenzeichen Jungfrau und das Aszendentenzeichen Fische liegen sich im Tierkreis gegenüber, sind daher sehr verschieden. Trotzdem ergänzen sie sich auch. Denn der »Jungfrauteil« bringt symbolisch die Erde, der Fisch bringt Wasser und damit Fruchtbarkeit.

Der Mond – Die Welt der Gefühle

Die Welt, die monden ist
Vergiss, vergiss, und lass uns jetzt nur dies
erleben, wie die Sterne durch geklärten
Nachthimmel dringen, wie der Mond die Gärten
voll übersteigt. Wir fühlten längst schon, wie's
spiegelnder wird im Dunkeln, wie ein Schein
entsteht, ein weißer Schatten in dem Glanz
der Dunkelheit. Nun aber lass uns ganz
hinübertreten in die Welt hinein, die monden ist.
Rainer Maria Rilke (1875–1926)

Die Bedeutung des Mondes

In einem Schöpfungsmythos heißt es, der Mond sei ein Kind der Erde. Ein anderer beschreibt ihn als Teil unseres Planeten, den dieser aus sich herausgerissen und in den Himmel geschleudert habe, um damit Raum für das Wasser der großen Ozeane zu schaffen. Und dieses Wasser brachte der Erde Fruchtbarkeit. Zu dieser Geschichte würde passen, dass das Volumen des Mondes, großzügig bemessen, etwa so groß ist wie der Raum, den alle Meere zusammen einnehmen.

Unter den Gestirnen am nächtlichen Himmel ist der Mond uns am nächsten und am vertrautesten. Er nimmt der Nacht ihre tiefe Dunkelheit und schenkt damit Trost und Hoffnung. Er ist uns so vertraut, dass wir in ihm menschliche Umrisse zu erkennen meinen: Seine Schatten bilden ein Gesicht, wir sehen eine alte Frau oder den Mann im Mond mit einem Reisigbündel auf dem Rücken. Er ist Gegenstand von Traumwelten. Wir besingen ihn in Gedichten und kraxeln mit Münchhausen an der Bohne zu ihm hoch oder umkreisen ihn mit Jules Verne.

Blicken wir zum Mond, erfahren wir Wandel und Veränderung: Täglich ist er ein Stück größer oder kleiner und geht früher oder später auf und unter. Manchmal ist er überhaupt nicht zu sehen, und dann wieder scheint er so hell, dass die Nacht fast zum Tag wird. Nimmt er zu, taucht er schon am Nachmittag als bleiches, fast durchsichtig erscheinendes Gebilde am Himmel auf, das von Stunde zu Stunde kräftiger wird, bis es sich hellweiß vom blauen Himmel abhebt. Nimmt er ab, bleibt er noch lange am Tageshimmel wie ein Phantom, das immer blasser und formloser wird, um sich schließlich wie ein Wolkengespinst in nichts aufzulösen. Das Geheimnisvolle, das Veränderliche, das Tröstende und das Ängstigende, das sind die unmittelbaren Begleiter des Mondes.

Als Gegenspieler zur brennenden Sonne bringt der Mond erfrischende Kühle. Und das ist eine wichtige Qualität. Vor allem in der südlichen Hemisphäre, besonders in den unendlichen Weiten der Wüsten, galt der Mond schon immer als Manifestation von Fruchtbarkeit, und das einfach deswegen, weil während eines

Großteils des Jahres allein die Nacht die Kühle bringt, die Mensch und Natur benötigen, um zu leben und zu überleben. Die sich füllende und wieder leerende Schale am Himmel ist dort ein Symbol für Quelle und Wasser und damit für die wichtigsten »Schätze« der Wüste. Dass ein Land wie Tunesien, dessen Gebiet sich zu einem großen Teil über die Sahara erstreckt, den Mond in seinem Wappen trägt und ihm damit ein überragendes Denkmal setzt, ist weder ein Wunder noch ein Zufall.

Vom Wasser und Fruchtbarkeit bringenden Mond ist es nur ein kleiner Schritt zum größten Mysterium des Lebens, nämlich zu Schwangerschaft und Geburt. Die Astrologie verbindet den Mond mit dem Urweiblichen – von der Empfängnis über die Schwangerschaft und Geburt bis hin zum mütterlichen Stillen und dem Muttersein selbst. Die offensichtlichste Analogie zwischen Frau und Mond ist natürlich, dass sein Lauf von einem Vollmond bis zum nächsten genauso lange dauert wie ein weiblicher Zyklus, nämlich vier Wochen.

In allen Mythen, Geschichten und Erzählungen über den Mond wird er als weiblich, die Sonne hingegen als männlich gesehen. In den romanischen Sprachen setzt sich diese Tradition fort: So heißen Sonne und Mond im Italienischen *la luna* und *il sole*, im Französischen *la lune* und *le soleil*. Dass der Mond im Deutschen männlich, die Sonne hingegen weiblich ist, mag ein zufälliger Dreher sein. Zu vermuten ist allerdings, diese Zuordnung könnte bedeuten, dass in unserer Sprache ein Wechsel geschlechtsspezifischer Prägung möglich ist – mit allen Vor- und sämtlichen Nachteilen.

Der Mond also – gemeint jedoch ist die »Möndin« – stellt die Verkörperung alles Weiblichen dar. Dass dies automatisch nur auf Frauen zutreffen muss, ist damit keineswegs gesagt. Warum sollte ein Mann nicht »weiblich« sein können – und umgekehrt eine Frau nicht auch »männlich«? In manchen »Mondländern« jedenfalls ist die überkommene Fixierung der Geschlechterrollen zum Teil unerträglich: Es ist für die Gesellschaft sicher wichtig, dass Frauen als potenziellen Müttern Achtung entgegengebracht wird;

aber es ist *ver*achtend, ihnen darüber hinaus keine Aufgaben zuzugestehen. Dass sie, wenn sie keine Kinder mehr bekommen können, nicht viel mehr »wert« sein sollen als eine Ziege oder ein Kamel, verletzt schlichtweg die Menschenwürde.

Zurück zum Mond: Er empfängt, wird schwanger, gebärt, nährt, hegt und pflegt. Genau das Gleiche »macht« er in unserem Horoskop, also mit uns: In dem Tierkreiszeichen, in dem er sich bei der Geburt gerade befindet, ist sein Standort, sein Zuhause. Dort will und muss er seiner Bestimmung nachkommen und wird im Lauf eines menschlichen Lebens empfangen, schwanger werden, gebären, nähren, hegen und pflegen.

Darin unterscheidet sich der Mond von der Sonne, die Energie und Vitalität in uns entzündet und damit Lebensfreude und Schaffenskraft stiftet. Der Mond empfängt. Er bekommt die Kraft und das Licht der Sonne, um zu leuchten, so wie in der traditionellen Rollenverteilung die Frau des Schutzes und der Versorgung durch den Mann bedarf. Aber der Schluss, Mondlicht sei nur reflektierter Sonnenschein, ist falsch. Die Astrologie weiß von ureigenen Kräften des Erdtrabanten. Er transformiert Sonnenenergie. Um sich wenigstens etwas von dieser Umgestaltungskraft vorstellen zu können, sei auf den Vorgang von Zeugung und Schwangerschaft verwiesen: Der Same wäre dann der »Beitrag« der Sonne (des Mannes). Dass daraus schließlich ein menschliches Wesen wird, wäre wiederum die »Zugabe« des Mondes (der Frau). Bei der Sonne fragt der Astrologe: »Was kann ich? Wo ist mein größtes Potenzial?« Beim Mond fragt er: »Wo bin ich zu Hause? Wo fühle ich mich wohl? Wie erlebe und fühle ich? Wo will ich ›gebären und fruchtbar werden‹?« Und das ist natürlich in keiner Weise »nur« aufs Kinderkriegen beschränkt.

Der Mond als sich wandelnder himmlischer Geist war aber auch schon immer ein Symbol für das Innenleben. Verweist uns die Sonne auf unsere Fassade, die äußere Erscheinung, mit der wir uns der Welt präsentieren und von der wir uns wünschen, dass uns andere auch so erleben, verrät uns der Mond unsere Empfindungen, unsere Gefühle. Darüber sprechen wir nicht mit jedem, wir offenbaren sie nur den Menschen, die uns nahe sind und denen wir vertrauen. Das Sternzeichen, der Stand der Sonne, beleuchtet unser öffentliches Sein. Der Mond hingegen spielt im zwischenmenschlichen und damit eher im privaten Sein eine große Rolle.

Aber es geht noch tiefer, wird noch geheimnisvoller: Der Mond ist nicht nur zuständig für unser Innenleben. Er blickt auch in einem übergeordneten Sinn »dahinter«: Der Mond – die »Möndin« – öffnet ein Fenster in eine andere Dimension. In unserer westlichen Zivilisation ist der Zugang meist nur wenigen begnadeten Seelen möglich. Oft sind das Künstler. Ein wunderbares Beispiel ist das Gedicht von Rainer Maria Rilke über den Mond, das diesem Kapitel als Einstimmung vorangestellt ist. Aber auch während eines Sommeraufenthalts in Italien oder Griechenland lässt sich etwas vom Mythos Frau Lunas erahnen, dann nämlich, wenn sich wie aus dem Nichts heraus am helllichten Tag ein Geist am Himmel offenbart, der sehr viel später erst zum Mond wird. Noch viel deutlicher aber ist es in der Wüste, der Urheimat der Astrologie. Dort ist der Trabant kein fremdes Gestirn, sondern eine Göttin, die sich am Himmel zeigt und einen Türspalt offen lässt für diejenigen, die bereit sind hinüberzuschauen. Der Mond verkörpert auch die heilige Schale der Taufe und die Einweihung in die Geheimnisse des Seins. Dort, wo er im Horoskop steht, findet sich die Gnade, an übersinnlichen Erfahrungen teilzuhaben. Er ist eine Pforte in das Reich der Mystik und Spiritualität. Der Mond führt zu Gott, nicht unser Zentralgestirn.

Frauen sind dem astrologischen Mond näher als ihrer Sonne. Sie müssten sich daher eigentlich auch eher an ihrem Mond- als an ihrem Sternzeichen orientieren. Es ist aber so, dass sich die gängige Astrologie an der Sonne und damit am Männlichen ausrichtet: Ein Sonnen- oder Sternzeichenhoroskop findet man beinah in jeder Zeitung, das Mondzeichenhoroskop hingegen in keiner einzigen.

Je mehr eine Frau allerdings aus ihrer klassischen Rolle einer Mutter und Hausfrau herauswächst und »ihren Mann steht«, desto stärker wird sie auch ihre Sonne leben. Allerdings wäre es völlig falsch, wenn sie den Mond dann unberücksichtigt ließe. Eine bewusste und emanzipierte Frau schöpft aus beiden: Führungsaufgaben, die von Männern grundsätzlich hierarchisch gelöst werden, packen Frauen anders an. Sie lassen mehr Nähe (Mond) zu und motivieren ihre Mitarbeiter dadurch auf einer persönlicheren Ebene. Auch bei Entscheidungen sind Frauen, die sowohl Logik (Sonne) als auch Intuition (Mond) zulassen können, Männern überlegen, die sich nur nach der Sonne richten.

Während Frauen ihren Mond eher unmittelbar selbst leben, neigen Männer dazu, sich eine Frau zu suchen, die ihrem Mond entspricht. Insofern gelten die Aussagen über die einzelnen Mondpositionen für Männer nur indirekt, sie beschreiben sozusagen »Suchbilder«. Ein solches Bild bezieht sich dann auf die Frau, mit der man zusammenleben will und die möglicherweise sogar die Mutter gemeinsamer Kinder wird.

☾ Der Mond ist der Hausplanet oder das herrschende Gestirn des Krebszeichens und übernimmt auch das Element des Zeichens, also Wasser. Das astrologische Symbol besteht aus zwei Halbkreisen – dem Ursymbol des Seelischen.

Auf den folgenden Seiten finden sich die zentralen Eigenschaften der zwölf Mondpositionen. Bei der individuellen Anwendung ist stets zu berücksichtigen, dass die Mondposition immer auch durch die Häuser und durch Verbindungen mit verschiedenen Gestirnen eine andere Färbung bekommen und im Einzelfall auch einmal stark von den hier genannten Deutungen abweichen kann.

Ihre exakte Mondposition lässt sich wieder über die Homepage des Autors herunterladen (www.bauer-astro.de).

Die Jungfrau und ihre Mondzeichen

Der Mond im Zeichen Widder – Temperamentvoll

Mondstärken Unternehmungslust, Impulsivität, Direktheit, Selbständigkeit, Ichhaftigkeit, Suche nach eigenständiger Wirksphäre, intensives Phantasieleben, musikalische oder bildnerische Begabung, Ideenträger sein, Erspüren von Macht

Mondschwächen Aggressivität, Spannung, Ungeduld, Nervosität

Die Botschaft des Mondes lautet: »Das Leben ist ein immerwährender Kampf. Sei wachsam und bereit. Lass dich nicht unterkriegen, sondern versuch dir einen der vorderen Plätze im Leben zu ergattern. Das ist deine Bestimmung. Du brauchst zwar Pausen, in denen du auftanken kannst, aber zu lange darfst du dich nie dem aktiven Leben entziehen. Sonst könntest du zurückfallen und untergehen. Du brauchst Erfolgserlebnisse. Sie sind der Stoff, der dich am Leben hält. Sei immer auf der Hut!«

Mond-Check

Wie weiblich macht dieser Mond? Nicht besonders stark. Widder ist ein sehr männliches Zeichen.

Wie mütterlich macht dieser Mond? Man wird ein »Kumpel zum Pferdestehlen«, aber kein ausgeprägter Muttertyp.

Wie gefühlvoll macht dieser Mond? Er macht sehr feurig. Aber das bedeutet nicht, dass man in Gefühlen geradezu badet.

Wie intuitiv macht dieser Mond? Sehr sensibel und unglaublich phantasievoll.

Was braucht man mit diesem Mond? Wärme, Selbstbestätigung, Aufmerksamkeit, Anerkennung.

Für den Mann: Wie lautet das Suchbild »(Mond-)Frau«? Sie soll temperamentvoll, ichhaft, bestimmend, aktiv sein und darf ruhig auch den Ton angeben.

Der Mond im Zeichen Stier – Erdverbunden

Mondstärken Lebensfreude, Genuss, gefestigtes
Gefühlsleben, Naturliebe, Musikalität, Sammelleidenschaft,
Gutmütigkeit, Häuslichkeit, Geschmack
Mondschwächen Antriebsschwäche, Materialismus, Geiz, Gier

Die Botschaft des Mondes lautet: »Du bist ein Kind der Erde. Verbinde dich daher stets mit ihr. Hier findest du alles, was du brauchst. Lass die Erde auch deine Lehrmeisterin sein. Lerne von ihr. Beobachte, wie alles mit einem Samen – also klein – beginnt und mit der Zeit immer größer wird. Sei geduldig, und Größe und Reichtum sind dir sicher. Lerne auch von der Mutter Erde, dass alles einem Kreislauf folgt. Sei also bereit, zu bestimmten Zeiten loszulassen, um dann wieder neu empfangen zu können.«

Mond-Check

Wie weiblich macht dieser Mond? Sehr weiblich. Er ist beinah so etwas wie der Inbegriff von Weiblichkeit.
Wie mütterlich macht dieser Mond? Kinder und Familie gehören zu ihm.
Wie gefühlvoll macht dieser Mond? Er beschert ein sehr natürliches und selbstverständliches Gefühlsleben.
Wie intuitiv macht dieser Mond? Man fühlt sich den Geschöpfen der Natur sehr nah und bezieht aus der Natur Kraft und Intuition.
Was braucht man mit diesem Mond? Seinen Platz, ein Zuhause, Sicherheit, einen gewissen Wohlstand.
Für den Mann: Wie lautet das Suchbild »(Mond-)Frau«? Sie soll praktisch, sinnlich und fürsorglich sein.

Der Mond im Zeichen Zwillinge – Heiter

Mondstärken Vielseitigkeit, Ausdrucksfähigkeit, Kontaktfreude, schriftstellerische Begabung, intuitives Erfassen anderer Menschen, gute Selbstdarstellung

Mondschwächen Oberflächlichkeit, Manipulation, Enttäuschungen, Zerrissenheit

Die Botschaft des Mondes lautet: »Du bist aus dem Element Luft geboren, leicht wie sie und grenzenlos. Das musst du dir als dein Lebensprogramm immer vor Augen halten: Niemand und nichts darf dich je einengen oder festhalten. Du wirst dich selbst binden und festsetzen, aber nie für immer und stets so, dass du jederzeit entweichen kannst. Deine Bestimmung ist, Menschen miteinander zu verbinden, ein Netz von Beziehungen zu erstellen. Unter Menschen fühlst du dich zu Hause.«

Mond-Check

Wie weiblich macht dieser Mond? Zwillinge ist ein männliches Zeichen und prägt entsprechend.

Wie mütterlich macht dieser Mond? Es ist absolut kein »Muttertyp« zu erwarten.

Wie gefühlvoll macht dieser Mond? Der Zugang zu tiefen Gefühlen fällt recht schwer.

Wie intuitiv macht dieser Mond? Menschen mit dieser Konstellation reagieren oft sehr intuitiv.

Was braucht man mit diesem Mond? Menschen um sich, Unterhaltung, Ansprache, Freunde.

Für den Mann: Wie lautet das Suchbild »(Mond-)Frau«? Sie soll kommunikativ, gebildet, unterhaltsam und freiheitsliebend sein.

Der Mond im Zeichen Krebs – Gefühlvoll

Mondstärken Für andere da sein, Erlebnistiefe, seelische Beeindruckbarkeit, ausgeprägtes Traumleben, starke unbewusste Kräfte, mütterlich und häuslich sein, starkes Innenleben, große Einfühlungsgabe, telepathische Fähigkeiten
Mondschwächen Täuschungen, unverstanden sein, Launenhaftigkeit, Mutterprobleme

Die Botschaft des Mondes lautet: »Du bist mir besonders nah. Fest sind wir miteinander verbunden. Daher veränderst du dich mit meinem Wandel: Werde ich schmäler, willst auch du dich verausgaben. Bin ich ganz verschwunden, ziehst du dich ebenfalls zurück. Umgekehrt ist dir danach, dich zu zeigen, fröhlich und extravertiert zu sein, wenn ich wieder größer werde. Dir öffne ich auch – mehr als jedem anderen – ein Fenster, damit du hinüberschauen kannst in die Welt der Wunder.«

Mond-Check

Wie weiblich macht dieser Mond? Extrem weiblich.
Wie mütterlich macht dieser Mond? Eigene Kinder und eine Familie, für die man sorgen kann, gehören zu dieser Konstellation.
Wie gefühlvoll macht dieser Mond? Es entwickelt sich ein starkes Gefühlsleben.
Wie intuitiv macht dieser Mond? Träume und Intuition haben große Tiefe.
Was braucht man mit diesem Mond? Eine Familie, Kinder, immer wieder Zeit für sich.
Für den Mann: Wie lautet das Suchbild »(Mond-)Frau«? Sie soll die Mutter »seiner« Kinder werden, häuslich, liebevoll und fürsorglich sein.

Der Mond im Zeichen Löwe – Stolz

Mondstärken Darstellungskunst, Selbstvertrauen, Kreativität, Gerechtigkeitsempfinden, Unternehmungsgeist, schauspielerisches Talent

Mondschwächen Theatralik, Übertreibung, Trägheit, Faulheit, Narzissmus

Die Botschaft des Mondes lautet: »Du hast einen besonders starken Mond, einen, der ständig in seiner vollen Größe zu sein scheint. Das führt dazu, dass du ein ausdrucksstarker, emotionaler Mensch bist. In dir entspringt eine Quelle ununterbrochener Kreativität und Inspiration, das äußert sich als starkes Phantasie- und Traumleben. Du musst Möglichkeiten finden, dein inneres Erleben nach außen zu transponieren. Du verkümmerst, wenn du dein Mondgeschenk nicht lebst.«

Mond-Check

Wie weiblich macht dieser Mond? Löwemond-Menschen sind feurig und stark.

Wie mütterlich macht dieser Mond? Man übernimmt gern die Mutterrolle, um andere zu verwöhnen.

Wie gefühlvoll macht dieser Mond? Sie haben spontane, feurige Gefühle, verlieren sie aber auch schnell wieder.

Wie intuitiv macht dieser Mond? Licht und Wärme nähren die Intuition und führen zu großer Kreativität und Schöpferkraft.

Was braucht man mit diesem Mond? Feuer, Wärme, Sonne, aber auch Bestätigung und Achtung: Daraus besteht dieses Lebenselixier.

Für den Mann: Wie lautet das Suchbild »(Mond-)Frau«? Eine starke Frau soll es sein, der man gern auch die Regie über Haus und Familie anvertraut.

Der Mond im Zeichen Jungfrau – Vorsichtig

Mondstärken Vorhersehen können, Organisations-
und Konzentrationsfähigkeit, Ordnungsliebe, Gespür
für gesundheitliche Belange, bewusste Ernährung, Zugang
zu geheimem Wissen
Mondschwächen Abhängigkeit von Zuwendung

Die Botschaft des Mondes lautet: »Das Leben ist keine Autobahn, auf der es immer geradeaus geht. Ein Weg voller Überraschungen erwartet dich. Daher ist es wichtig, dass du stets hellwach bist, um zu wissen, was kommt. Ich, dein Mond, habe dich deshalb auch mit der Gabe der Vorausschau ausgestattet, damit du nie im Dunkeln tappst. Aber du bist auch ein Erdzeichen, ein Kind unseres Planeten. Dies bedeutet, dass du mit der Zeit seinen gesetzmäßigen Lauf immer besser erkennst. Es hilft dir, dein Leben zu beruhigen. Lerne daher von der Erde und dem Wechsel der Jahreszeiten.«

Mond-Check

Wie weiblich macht dieser Mond? Er macht eher mädchenhaft als weiblich (und eher burschikos als männlich).

Wie mütterlich macht dieser Mond? Frauen mit dieser Mondstellung sind keine »schlechten Mütter«, fühlen sich aber oft zu etwas anderem berufen.

Wie gefühlvoll macht dieser Mond? Empfindungen gegenüber macht er eher misstrauisch.

Wie intuitiv macht dieser Mond? Die Erde offenbart ihr Wissen, so dass die Betreffenden es zum Beispiel auch für heilendes Wirken anwenden können.

Was braucht man mit diesem Mond? Kontakt mit Mutter Erde, Sicherheit, einen Lebensplan.

Für den Mann: Wie lautet das Suchbild »(Mond-)Frau«? Sie soll klug und praktisch sein, ihr Gefühlsleben unter Kontrolle haben, und sie darf sich nicht in Abhängigkeiten verstricken.

Der Mond im Zeichen Waage – Ausgewogen

Mondstärken Andere spüren können, gern unter Leuten sein, Kontaktfreude, Sinn für Ästhetik, Kunst, Schönheit, verbindend und ausgleichend sein, Gerechtigkeitsliebe
Mondschwächen Entscheidungsunfähigkeit, Antriebsarmut, Überempfindlichkeit, Abhängigkeit

Die Botschaft des Mondes lautet: »Du hast eine Art Wünschelrute, mit deren Hilfe du jedes Ungleichgewicht erspüren kannst. Lebt jemand in Disharmonie oder herrscht eine Unstimmigkeit zwischen Menschen, schlägt dein magisches Instrument augenblicklich aus. Am schnellsten reagierst du auf eigene Störungen, weswegen es für dich sehr wichtig ist, in Harmonie und Frieden zu leben und dein Umfeld entsprechend auszuwählen. Andere suchen dich auf, weil du sie nicht nur bestens verstehst, sondern auch dazu beiträgst, für Versöhnung und Eintracht in ihrem Leben zu sorgen.«

Mond-Check
Wie weiblich macht dieser Mond? Er macht zärtlich, einfühlsam und auch weiblich, aber nicht im Übermaß.
Wie mütterlich macht dieser Mond? Menschen mit dem Mond im Zeichen Waage können sich Kindern gegenüber schlecht durchsetzen.
Wie gefühlvoll macht dieser Mond? Stimmungen lieben sie, starke Emotionen aber bereiten Probleme.

Wie intuitiv macht dieser Mond? Man ist sehr sensibel und unge-heuer phantasievoll.

Was braucht man mit diesem Mond? Eine harmonische Umgebung und ausgeglichene Beziehungen.

Für den Mann: Wie lautet das Suchbild »(Mond-)Frau«? Sie muss feinsinnig, geschmackvoll, sehr einfühlsam und liebesfähig sein.

Der Mond im Zeichen Skorpion – Tiefgründig

Mondstärken Hinterfragen, aufdecken, im Krisenfall Stärke zeigen, okkulte Fähigkeiten, suggestive Ausstrahlung, großer Familiensinn

Mondschwächen Nicht loskommen von der Mutter, Despotis-mus, krankhafte Eifersucht, Misstrauen

Die Botschaft des Mondes lautet: »Da das Wesentliche, Eigentliche und Wahre in aller Regel nicht offensichtlich wird, ist es deine Bestimmung, dich bis ins Innerste der Menschen hineinzuspüren. Deinem Röntgenblick bleibt nichts verborgen. Jeden unterziehst du einer Prüfung, und nur wenn er sie besteht, lässt du dich auf eine Beziehung ein. Letztlich suchst du so ein Gegenüber, das dich ergänzt – dein Du –, um mit ihm eine Familie zu gründen. In dei-nen Kindern lebst du weiter. Sie geben dir Zukunft, auch wenn es dich nicht mehr gibt.«

Mond-Check

Wie weiblich macht dieser Mond? Menschen mit einem Skorpion-mond verfügen über große weibliche Kräfte.

Wie mütterlich macht dieser Mond? Gute Mütter sind das – auch die Männer!

Wie gefühlvoll macht dieser Mond? Man empfindet tiefe Gefühle und große Leidenschaft.

Wie intuitiv macht dieser Mond? Die Betreffenden sind visionär und haben magische Fähigkeiten.

Was braucht man mit diesem Mond? Vertrauen und Sicherheit.

Für den Mann: Wie lautet das Suchbild »(Mond-)Frau«? Sie muss stark und bereit sein für ein ehernes Bündnis und gemeinsame Kinder.

Der Mond im Zeichen Schütze – Sinnstiftend

Mondstärken Optimistisch, motivierend, begeisternd, vielseitig, schriftstellerische Talente, sportliche Fähigkeiten, gut im Ausland leben können

Mondschwächen Blauäugigkeit, Naivität, Phantasterei

Die Botschaft des Mondes lautet: »Du bist auf die Welt gekommen, um der Dunkelheit ein Ende zu bereiten, dem Guten und Gesunden zum Sieg über das Böse und Kranke zu verhelfen. Verstehen, einen Sinn verleihen, verzeihen – so lauten deine Waffen, mit denen du ins Feld ziehst und siegreich zurückkommst. Du bist wie eine heilige Schale, welche alle Waffen stumpf macht, die in sie gelegt werden. Schlimmes wird erlöst. Wunden können heilen. Friede kehrt ein.«

Mond-Check

Wie weiblich macht dieser Mond? Auch als Frau stehen diese Menschen leicht ihren Mann.

Wie mütterlich macht dieser Mond? Zu viel Mütterlichkeit ist ihnen suspekt.

Wie gefühlvoll macht dieser Mond? Er macht feurig, ekstatisch, aber nicht gerade gefühlvoll.

Wie intuitiv macht dieser Mond? Man verfügt über große Intuition und Seelenstärke.

Was braucht man mit diesem Mond? Eine Aufgabe, die etwas Sinnvolles zum Ziel hat.

Für den Mann: Wie lautet das Suchbild »(Mond-)Frau«? Sie muss selbständig, aktiv, sportlich sein. Man muss sich mit ihr auch geistig austauschen können.

Der Mond im Zeichen Steinbock – Überpersönlich

Mondstärken Klares Gefühlsleben, Selbstbeherrschung und Pflichtbewusstsein, Streben nach Objektivität und Durchsichtigkeit, Ernsthaftigkeit, Liebe zum Beruf
Mondschwächen Sich selbst zu negativ sehen, abhängig sein von beruflichem Erfolg, Gefühlskontrolle

Die Botschaft des Mondes lautet: »Du bist mit der Gabe gesegnet, das Allgemeine und Wesentliche auch im Einzelnen und Persönlichen zu erkennen. Das macht dich zu einer Person, die den Menschen in ihrer Gesamtheit verpflichtet ist. Dafür tritt das Persönliche und Individuelle bei dir zurück. Es wird unbedeutend. Du bist Wächter und Bewahrer des Seelischen, Stimmigen und Wahren.«

Mond-Check

Wie weiblich macht dieser Mond? Menschen mit dieser Mondposition sind sehr weiblich, ohne es immer nach außen hin deutlich zu zeigen.

Wie mütterlich macht dieser Mond? Auch ihre Mütterlichkeit ist ausgeprägt, aber nicht unbedingt für eigene Kinder.

Wie gefühlvoll macht dieser Mond? Sie unterscheiden echte und wahre Gefühle von Emotionen, die vorgetäuscht werden.

Wie intuitiv macht dieser Mond? Die Betreffenden haben die Fähigkeit, Visionen zu entwickeln.

Was braucht man mit diesem Mond? Eine Aufgabe für die Allgemeinheit.

Für den Mann: Wie lautet das Suchbild »(Mond-)Frau«? Sie soll eine gewisse Persönlichkeit ausstrahlen, stark und selbständig sein.

Der Mond im Zeichen Wassermann – Schöpferisch

Mondstärken Sozial, human, freundlich, aufgeschlossen, ungebunden, Veränderungsliebe, Reisefreude, Erfindungsgabe, Intuitionskraft, Reformwillen

Mondschwächen Zwanghaft antiautoritäres Denken und Handeln, Verwirrtheit

Die Botschaft des Mondes lautet: »Du bist mit einer schöpferischen Quelle verbunden, in der ununterbrochen Neues geboren, Altes verwandelt und neu gestaltet wird. Das Unvorhersehbare, Neue und Fremde ist deine Heimat. Das führt manchmal dazu, dass du dir selbst in deinem Inneren fremd vorkommst, voller Widersprüche steckst und nicht mehr recht weißt, wer du bist und woher du kommst. Solche Phasen dienen aber der Vorbereitung eines neuen schöpferischen Schubs. Du darfst dich davon nicht verwirren lassen.«

Mond-Check

Wie weiblich macht dieser Mond? Männlich oder weiblich? Beide Seiten sind Menschen mit dieser Konstellation vertraut.

Wie mütterlich macht dieser Mond? Man ist der beste Gefährte und Freund aller Kinder, aber nicht der klassische Muttertyp.

Wie gefühlvoll macht dieser Mond? Stimmungen sind wunderbar. Emotionen gegenüber sind die Betreffenden misstrauisch.

Wie intuitiv macht dieser Mond? Man hat häufig Offenbarungsträume, in denen Hinweise für den eigenen Lebensweg enthalten sind.

Was braucht man mit diesem Mond? Anregungen, Veränderungen und die Möglichkeit, sich schöpferisch zu betätigen.

Für den Mann: Wie lautet das Suchbild »(Mond-)Frau«? »Etwas Besonderes« soll sie sein – frei, unabhängig – und sich von anderen Frauen unterscheiden.

Der Mond im Zeichen Fische – Geheimnisvoll

Mondstärken Medialität, heilerische Qualitäten, Kraft
durch Glauben, Sensibilität, Liebe für andere,
Liebe zur Schöpfung, verlässliches instinkthaftes Gespür
Mondschwächen Wirre Phantasievorstellungen, Unsicherheit,
Bindungslosigkeit

Die Botschaft des Mondes lautet: »Du bist wie der Mond, der sich
am Vormittag noch am blauen Himmel zeigt, bis er mit ihm auf
rätselhafte Weise verschmilzt – schillernd, beinah durchsichtig
und im Inneren zerbrechlich und fein. Du bist dem Gefäß, in dem
die Seele wohnt, sehr nah und weißt, dass man sie nicht fassen
kann. Sie zeigt sich nur denen, die ohne Absicht sind, Kindern
und Heiligen. Du bist voller Liebe für alles, was unvollkommen
ist, kannst heilen und versöhnen.«

Mond-Check

Wie weiblich macht dieser Mond? Äußerst weiblich.
Wie mütterlich macht dieser Mond? Menschen mit einem Fische-
mond fühlen sich als Mutter der gesamten Schöpfung.
Wie gefühlvoll macht dieser Mond? Er macht unglaublich gefühl-
voll.
Wie intuitiv macht dieser Mond? Mehr Intuition weist keine der
anderen Mondstellungen auf.
Was braucht man mit diesem Mond? Stille, Einkehr, Liebe und
Verständnis für die geheimnisvollen Seiten des Seins.
Für den Mann: Wie lautet das Suchbild »(Mond-)Frau«? Sie soll
liebevoll, geheimnisvoll, fast engelhaft sein.

Eine besondere Konstellation

Sie sind in der Vollmondphase (zwei Tage vor bis zwei Tage nach dem Vollmond) geboren und damit ein besonderer Mensch. Denn Sie tragen in sich die lebendige Spannung zwischen Mann und Frau am deutlichsten. Das führt zu einem reichen und faszinierenden Beziehungsleben. Es kann aber auch große Konflikte für Partnerschaft und Liebe bringen.

Merkur – Schlau, beredt, kommunikativ und göttlich beraten

Die Bedeutung Merkurs

Der römische Gott Merkur entspricht ganz dem Hermes der griechischen Mythologie. Er war ein ausgesprochen schillernder Gott, versehen mit zahlreichen Eigenschaften und Funktionen. Respekt und Bewunderung erwarb er sich durch Klugheit und Raffinesse. So stahl er, gerade erst als Sohn des Jupiter bzw. Zeus und der Nymphe Maia geboren, dem Gott Apoll eine Rinderherde. Von diesem zur Rede gestellt, spielte er auf einem mit Fell und Saiten versehenen Schildkrötenpanzer derart gekonnt, dass Apolls Zorn verflog und er ihm die Rinder im Tausch gegen das Musikinstrument überließ. Ganz nebenbei hatte Merkur auf diese Weise die Lyra erfunden, jenes zauberhafte Instrument, mit dem später Orpheus Menschen wie Götter verzauberte.

Gott Merkur war also klug und listig, und genau diese Fähigkeit verleiht er auch dem Menschen. Er macht beredt, erfinderisch und verhilft einem auch mal zu einer guten Ausrede. Wegen seiner listigen Eigenschaften wurde er zum Gott der Kaufleute, Diebe und Bänkelsänger. Seine Fröhlichkeit machte ihn zum Schutzpatron all derjenigen, die auf heiteren Wegen wandeln. Und sein Diebstahl der Kühe ließ ihn selbstredend zum Gedeihen der Viehherden beitragen. Infolge seiner Lust am Reden und seines Talents, sich allemal in ein günstiges Licht zu setzen, wurde er der göttliche Freund all derer, die viel sprechen, schreiben und auf der Bühne stehen: Dichter, Sänger, Schauspieler, Politiker, Talkmaster, Ansager, Komiker, Artisten oder Musiker. Wie wir denken, reden, kommunizieren, uns darstellen und uns verkaufen, das alles verrät die Position Merkurs in unserem Horoskop. Er verkörpert unsere unbeschwerte Seite und den leichtesten Weg, den man gehen kann.

Aber Merkur hat noch mehr auf Lager: Bei den Griechen galt er als Diener Jupiters und als Götterbote, der zwischen dem Olymp, dem Wohnort der Unsterblichen, und den Menschen drunten auf der Erde vermittelte. Und er begleitete auch die Seelen der Verstorbenen in die Unterwelt. Er besaß geflügelte Sandalen und einen geflügelten Hut, damit er rasch hin und her eilen konnte. Ein weiteres Attribut war sein goldener Heroldsstab, der Kerykeion, ein Zauberstab.

Hermes übermittelte also den Willen seines Vaters Zeus. So führte er zum Beispiel in dessen Auftrag Hera, Athene und Aphrodite zum Idagebirge, wo Paris den goldenen Apfel der – seiner Wahl nach – schönsten der Frauen überreichen sollte. Seine Entscheidung für Aphrodite, die ihm dafür Helena versprochen hatte, löste später bekanntlich den Trojanischen Krieg aus.

Tatsächlich fungiert Merkur auch in der Astrologie als eine Art Empfangs- und Sendestation. Wo er sich in unserem Horoskop befindet, sind uns die Götter besonders nah und übermitteln uns ihre Botschaften und Nachrichten. Umgekehrt können wir dort die Götter am ehesten erreichen.

Merkur ist der sonnennächste Planet. Er zieht seine Kreise um unser Zentralgestirn so eng, dass er sich nie mehr als ein Zeichen von der Sonne entfernen kann. Das führt auch dazu, dass in vielen Horoskopen Merkur die gleiche Tierkreiszeichenposition einnimmt wie die Sonne.

☿ Das astrologische Symbol besteht aus einer Schale, einem Kreis und dem Kreuz. Die Schale symbolisiert seelische Empfänglichkeit. Der Kreis steht für die Dimension des Geistes, das Kreuz für Materie. Das Symbol in seiner Gesamtheit signalisiert, dass Seele und Geist über der Materie stehen und sie dominieren.

Auf den folgenden Seiten finden sich die wichtigsten Eigenschaften der Merkurposition von Jungfraugeborenen. Bei der konkreten Anwendung ist auch hier zu berücksichtigen, dass die Konstellation durch Verbindungen mit verschiedenen weiteren Gestirnen immer eine andere Färbung bekommen und im Einzelfall auch einmal stark von den genannten Deutungen abweichen kann.

Die exakte Merkurposition lässt sich über die Homepage des Autors herunterladen (www.bauer-astro.de).

Die Jungfrau und ihre Merkurzeichen

Merkur im Zeichen Löwe – Kreatives Denken
Merkurstärken Inspirationen, Ideen und kreative Einfälle haben
Merkurschwächen Unsensibel und überheblich sein

Die Botschaft Merkurs lautet: »Dein Denken ist nicht logisch und auch nicht unbedingt von Erfahrungen getragen. Ich, Merkur im Zeichen Löwe, verhelfe dir zu Ideen und Inspirationen, die dir aus der Luft, dem Nichts zuzufallen scheinen. Wenn du beginnst, deine Argumente zu begründen, gerätst du in Schwierigkeiten. Und eigentlich gibt es bei Eingebungen auch nichts zu beweisen. Es ist eine eigene, in sich stimmige Art, die Welt zu erfahren und zu verarbeiten. Aber es ist nicht die einzige: Andere Merkurpositionen bewirken eine andere Art zu denken. Ein wahrhaftiges, universelles Bild ergibt sich erst unter Berücksichtigung aller Möglichkeiten, jede für sich spiegelt immer nur einen Teilaspekt wider.
Ich, dein Löwemerkur, verhelfe dir auch zu einem selbstbewussten Auftreten. Du bist dermaßen von dir überzeugt, dass es dir gar nicht in den Sinn kommt, anderen eine gleichwertige Position zuzugestehen. Wenn es darum geht, dich durchzusetzen, einen guten Eindruck zu hinterlassen, anderen voraus und überlegen zu sein, ist deine Art goldrichtig. Aber wenn man zusammenkommt und sich unterhalten möchte, bist du ebenso forsch. Das führt häufig dazu, dass sich andere schnell ›überfahren‹ fühlen, still werden, sich zurückziehen oder mit dir einen Streit beginnen. In dieser Beziehung musst du noch dazulernen, dich um mehr Toleranz und weniger Ichbezogenheit bemühen.«

Merkur-Check
Ist man mit diesem Merkur kontaktfähig? Man wirkt selbstsicher und kommt gut bei anderen an.
Was bringt einen »den Göttern« näher? Keine Verpflichtung zu haben, tun und lassen zu können, was einem gefällt, zu lieben und geliebt zu werden.

Merkur im Zeichen Jungfrau – Akkurates Denken

Merkurstärken Sachliches, analytisches und behutsames Denken

Merkurschwächen Wankelmütig und leicht ablenkbar sein

Die Botschaft Merkurs lautet: »Dein Denken ist sachlich, genau und praktisch. Du beziehst dich in deinen Überlegungen auf eigene Erfahrungen oder solche, die von zuverlässigen Leuten stammen. Das verleiht dir Sicherheit und Glaubwürdigkeit. Obendrein bringe ich, Merkur im Zeichen Jungfrau, dich dazu, fehlerorientiert vorzugehen: Was gut und richtig ist, dem schenkst du wenig Aufmerksamkeit, dafür verfolgst du mit Argusaugen jede Unregelmäßigkeit und findest Fehler meistens zuerst. Für Inspektionen, Korrekturen, wissenschaftliches Arbeiten und überall sonst, wo es gilt, Fehler zu vermeiden, bist du unübertrefflich. Aber mit mir, dem Jungfraumerkur, hast du auch Schattenseiten: Deine überkritische, unter Umständen sogar pessimistische Art macht dir nicht nur Freunde. Hierbei solltest du dich etwas kontrollieren, damit du nicht den Stempel ›Meckertante‹ aufgedrückt bekommst.

Auf andere zuzugehen fällt dir nicht leicht. Du bist eher schüchtern. Das rührt natürlich auch daher, dass du keine Fehler machen möchtest. Was dir guttut, sind Menschen, die emotionaler und nicht so auf Fehler fixiert sind. Sei mutig und wähle Freunde, die (aus deiner Sicht) dazu neigen, Fehler zu machen.«

Merkur-Check

Ist man mit diesem Merkur kontaktfähig? Man ist schüchtern und vorsichtig, um Fehler zu vermeiden.

Was bringt einen »den Göttern« näher? Alle Pflichten erledigt zu haben, anerkannt zu werden, gut zu sein.

Merkur im Zeichen Waage – Ausgleichendes Denken
Merkurstärken Verbindendes und verbindliches,
logisches und abstraktes Denken, einfühlsam sein
Merkurschwächen Unentschieden und wankelmütig sein

Die Botschaft Merkurs lautet: »Ich, Merkur im Zeichen Waage,
verhelfe dir zu einem sehr *du*orientierten Denken. Du versetzt
dich bei jeder Unterhaltung in dein Gegenüber und versuchst, die
Welt auch aus seiner Sicht zu betrachten. Das ist eine Stärke für
jedes persönliche Gespräch; in der Begegnung mit dir entsteht nie
das Gefühl, zu kurz zu kommen, nicht verstanden zu werden.
Zum Nachteil gerät, dass es dir schwerfällt, eine eigene Meinung
zu vertreten. Du versuchst daher, dein Denken auf ein logisches
Fundament zu stellen: Du wägst ab, vergleichst, hörst die Argumente anderer, ziehst Schlüsse usw. Diese ständige ›Kopfarbeit‹ ist
anstrengend. Zuweilen musst du daher ›abschalten‹, den Kopf leeren. Das gelingt dir (mit viel Geduld und Zeit) am ehesten durch
Meditation oder Yoga.
Größte Probleme hast du mit Menschen, die sich auf ihre Erfahrungen berufen. Jemand, der sagt: ›Das haben wir doch schon
immer so gemacht!‹, treibt dich an den Rand des Wahnsinns.
Auch wenn sich Denken und Fühlen vermischen, regt sich dein
Widerstand. Aber genau diese Art zu argumentieren musst du
wohlwollend annehmen, wenn du nicht einseitig werden willst.
Mit einem anderen Menschen – egal, mit wem – ein Gespräch zu
führen fällt dir ansonsten leicht. Deine große Gabe ist es, (fast)
jeden zu verstehen, den du näher kennst.«

Merkur-Check
Ist man mit diesem Merkur kontaktfähig? Man weiß genau, wann
der richtige Moment ist, auf jemanden zuzugehen.
Was bringt einen »den Göttern« näher? Sich mit jemanden zu verstehen, mit jemandem im Einklang zu sein, zu lieben und geliebt
zu werden.

Venus – Die Liebe

Die Bedeutung der Venus

Kurz nach Sonnenuntergang – der Westen badet sich noch in goldenem Rot, im Osten kündet stahlblauer Himmel die Nacht an – kann man sie sehen, die Venus. Sie ist so hell, dass man sie manchmal mit den Lichtern eines Flugzeugs verwechselt. Und in Gegenden, die nicht künstlich erleuchtet sind, überkommt den Betrachter bei ihrem Anblick das Gefühl einer außerirdischen Begegnung. Der Tag geht zur Ruhe, Venus läutet den Feierabend ein, jene Zeit, die weder der Arbeit noch dem Schlaf gehört, sondern der Muße – und der Liebe. Die Hälfte des Jahres läuft sie, wie wir es von der Erde aus sehen, der Sonne nach, und sie steht dann als Venus des Abends nach Sonnenuntergang noch einige Zeit am Abendhimmel. Die andere Hälfte jedoch läuft sie der Sonne voraus und steigt als Venus des Morgens vor der Sonne über den östlichen Horizont als strahlende Botin des neuen Tages. Die Venus verzaubert also nicht nur den Abend, sondern auch den Morgen.

Venus oder ihr griechisches Pendant Aphrodite trug den Beinamen »Schaumgeborene« (griechisch *aphrós* = »Schaum«). Einem Mythos zufolge hat Kronos (Saturn[us]), der Vater des Zeus, seinen Vater Uranos mit der Sichel entmannt und das Zeugungsglied bei Zypern ins Meer geworfen. Aus dem Schaum, der sich dabei bildete, ist die Göttin der Schönheit entstanden.

Sie galt als die fruchtbare Patronin des blühenden Frühlings und der überströmenden Frühlingslust. Sie war die Beschützerin der Gärten, Blumen und Lusthaine. Ihre Lieblingsgewächse waren Myrten, Rosen und Lilien, ihre Frucht der Apfel, ihre bevorzugten Tiere Widder, Böcke, Hasen, Tauben und die bunten Schmetterlinge. Vor allem aber war Venus/Aphrodite eine Frau, deren unvergleichliche Schönheit die Männer betörte. Man fand schier kein Ende, all ihre Reize aufzuzählen: göttlicher Wuchs, strahlende Augen, verlockender Blick, rosenknospiger Mund, zierliche Ohren, reizender Busen und dergleichen mehr.

Im Vergleich zu ihr sah ihr hässlicher, hinkender Ehemann Hephaistos, der Gott des Erdfeuers und Schutzgott der Schmiede, ziemlich alt aus, wie man heute sagen würde. Jeder fragte sich, wie diese Schönheit einem so grobschlächtigen Mann zugetan sein konnte, auch Venus selbst: Sie nutzte denn auch jede Gelegenheit zu einem Seitensprung. Der bekannteste und folgenreichste war wohl jener mit Mars, dem Amor entstammte, der spitzbübische Junge mit den heimtückischen Liebespfeilen.

Die schöne Venus bekam ein würdiges Denkmal am Himmel: Das hellste Gestirn wurde nach ihr benannt. Je nach Position kündet Venus als »Abendstern« den Feierabend, vor Sonnenaufgang die nahende Morgenröte an.

»Venus« ist ein anderes Wort für »Liebe, Lust, Zärtlichkeit, Leidenschaft, Zweisamkeit, Anziehung, Nähe, Knistern, Flirten, Sehnsucht, Verschmelzung, Sinnlichkeit« und so fort. Aber jede Venusposition in den Tierkreiszeichen gibt all diesen Facetten der Liebe eine andere Färbung, ein bestimmtes Gewicht, einen spezifischen Glanz.

♀ Das astrologische Symbol besteht aus einem Kreuz und einem Kreis. Letzterer symbolisiert den Geist. Das Kreuz wiederum ist ein Sinnbild für die Materie: Der Kreis steht über dem Kreuz, er lenkt die Materie, führt sie zur Vollendung in der Liebe.

Auf den folgenden Seiten finden sich die bedeutendsten Eigenschaften der Venusposition von Jungfraugeborenen. Bei einer konkreten Anwendung ist wieder zu berücksichtigen, dass die Konstellation durch Verbindungen mit verschiedenen weiteren Gestirnen unter Umständen eine andere Färbung bekommt und im Einzelfall möglicherweise stark von den hier genannten Deutungen abweicht.

Auch die exakte Venusposition kann über die Homepage des Autors heruntergeladen werden (www.bauer-astro.de).

Die Jungfrau und ihre Venuszeichen

Venus im Zeichen Krebs – Gefühlvolle Liebe

Venusstärken Zärtlich, hingebungsvoll, phantasievoll, kreativ, treu

Venusschwächen Klammernd, unselbständig, wechselhaft, empfindlich, beeinflussbar

Die Botschaft der Venus lautet: »In guten Zeiten bist du strahlend schön und unwiderstehlich erotisch. Unbekümmert wie ein Kind und gleichzeitig von ironischer Distanziertheit, kannst du über alles lachen, am meisten jedoch über die Liebe, dieses absurde, herrliche, verrückte, uralte und ewig neue Spiel, bei dem die Menschen seit Tausenden von Jahren stets die gleichen Fehler machen. Vielleicht zwei Tage später bist du wie umgewandelt: stumm, scheu, abwesend, in dich gekehrt. Sich den Kopf darüber zu zerbrechen, wie man dich wieder zum Lachen bringen könnte, ist zwecklos. In diesem Gemützstand willst du allein sein. Du willst leiden!

Bist du eine Person mit vielen Gesichtern? Ein Verwandlungskünstler? Einfach nur launisch? Ja, aber vor allem bist du zu hundert Prozent gefühlsbestimmt. Und Gefühle folgen keiner Uhr, sondern sind unberechenbar wie Wetter, Wind oder die Wellen des Meeres. Sich um mehr emotionale Ausgeglichenheit zu bemühen ist daher vergeblich – und wäre zudem ein falscher Weg.

Steh zu deinen Gefühlen. Sie machen deine Liebe aufregend, romantisch und geheimnisvoll. Sie verwandeln die Liebe mit dir in einen göttlichen Akt. Denn deine Liebeskraft ist stärker als alles. Wen du liebst, der wird wie von magischen Fäden angezogen und kann sich irgendwann von dir nicht mehr lösen. Deine Liebe ist auch klammernd und verschlingend. Aber für einen Platz neben dir sollte man auch alles andere aufzugeben bereit sein.«

Venus-Check

Kann man mit dieser Venus gut allein sein? Nein, zum Alleinsein ist man nicht geboren.

Braucht man mit dieser Venus Sicherheit? Ja, eher zu viel sogar.

Besteht diese Venus auf Treue? Keine Frage, man gibt alles und will alles.

Macht diese Venus eifersüchtig? Natürlich – und wie!

Findet man leicht einen Partner? Jeder träumt von einem Partner wie solch einer Venus.

Venus im Zeichen Löwe – Lustvolle Liebe

Venusstärken Warmherzig, verspielt, stark, leidenschaftlich, feurig, großherzig, treu, stolz, selbstbewusst

Venusschwächen Arrogant, überheblich, verschwenderisch, prahlerisch

Die Botschaft der Venus lautet: »Zurückhaltung? Bescheidenheit? Schamgefühl? So etwas kommt in deinem Repertoire nicht vor. Zumindest dann nicht, wenn es um eine Person geht, die du haben willst (oder die dir schon gehört). Dann wirst du aktiv. Kein Wunder, dass alle den Atem anhalten, wenn du auftrittst. In dir steckt ein Lustobjekt, das gesehen, bewundert, betastet – und verschönert, verziert, gekrönt werden möchte. Liebe geht bei dir durch das Auge und kann nur mit Gold und Diamanten aufgewogen werden. Das soll nicht heißen, dass du jemanden nur des Geldes wegen liebst. Käuflich bist du nicht. Du schaust immer zuerst aufs Herz. Aber irgendein Schutzengel bringt dich just mit solchen Menschen zusammen, die dann in kürzester Zeit zu Geld gelangen. Sieht alles aus, als wärst du sehr anspruchsvoll. Stimmt! Aber du bist auch eine Menge wert.

Wo so viel Licht ist, muss es doch auch Schatten geben: In dir steckt (weiblich) eine Diva bzw. (männlich) ein Pascha. Du willst verwöhnt, verhätschelt, umworben, auf Händen getragen werden. Das ist anstrengend und kann zu Abhängigkeit führen. Kommt es zur Trennung, leidest du wie ein Tier. Dein Stolz verbietet dir, deinen Kummer zu zeigen. Das ist dumm und ungesund und verschlimmert nur das Desaster.«

Venus-Check
Kann man mit dieser Venus gut allein sein? Wenn es sein muss. Aber schöner ist es zu zweit.
Braucht man mit dieser Venus Sicherheit? Nein, eher Anerkennung.
Besteht diese Venus auf Treue? Natürlich, schließlich ist man die oder der Größte.
Macht diese Venus eifersüchtig? Sicher, aber man gibt es nicht zu.
Findet man leicht einen Partner? Man wird gefunden.

Venus im Zeichen Jungfrau – Reine Liebe

Venusstärken Aufmerksam, unschuldig, rein, geistreich, mitfühlend, künstlerische Neigung
Venusschwächen Kühl, distanziert, unaufrichtig

Die Botschaft der Venus lautet: »Zum Sex hast du ein recht gespaltenes Verhältnis. Einerseits möchtest du ihn, bist sogar süchtig danach, träumst von einer Liebe und einem Orgasmus, der den Himmel zittern lässt. Andererseits verurteilst du Sex als dumm, tierisch, primitiv, unter deiner Würde. Vor allem aber hat er – so deine Meinung – rein gar nichts mit vollkommener Liebe zu tun. Was jetzt? Ein bisschen schizophren? Mitnichten! Du betrachtest Sex lediglich aus sämtlichen Perspektiven. Und irgendwann kapierst du, dass er nichts anderes ist als reinste Energie. Dann könntest du auch mit jedem Sex haben – oder mit gar keinem. Dann bist du ebenso bereit, Sex zu sublimieren und in ein kosmisches Erlebnis zu transformieren.
Ehe du zum Heiligen oder zur Heiligen wirst, musst du alles ausprobieren, was es gibt. Aber nicht vergessen: Sex ist nur eine Vor-

stufe, ein Übergang zu höherer Bestimmung und Erfüllung. Bleib auf dem Laufenden!«

Venus-Check
Kann man mit dieser Venus gut allein sein? Wenn es sein muss, ja. Aber schön ist es nicht.

Braucht man mit dieser Venus Sicherheit? O ja, ohne Liebe ist man ziemlich verloren.

Besteht diese Venus auf Treue? Natürlich, aber man hält sich nicht daran.

Macht diese Venus eifersüchtig? Ja, man leidet Qualen.

Findet man leicht einen Partner? Man hat sich schon oft die Finger verbrannt und ist überdies schüchtern.

Venus im Zeichen Waage – Kunstvolle Liebe
Venusstärken Charmant, stilvoll, einfühlsam, gütig, freundlich, liebevoll, anziehend, vollkommen schön, verständnisvoll
Venusschwächen Unklar, eingebildet

Die Botschaft der Venus lautet: »Erinnerst du dich noch daran, als du ein kleines Mädchen warst? Du saßest bei Papa auf dem Schoß und himmeltest ihn an. Oder du tapstest süß lächelnd zur Tante, so dass sie dir jeden Wunsch erfüllte. Seitdem hat sich nichts Wesentliches geändert. Du hast vielleicht die Kunst, dich mit allen Tricks und Raffinessen ins beste Licht zu setzen, perfektioniert und beherrschst sie heute aus dem Effeff. Aber du möchtest immer noch, wie damals als Drei- oder Vierjährige, dass die Menschen gut und friedlich miteinander umgehen – und erst recht dann, wenn sie sich lieben. Auch wenn dir widriger familiärer oder sonstiger Umstände wegen die Berufung zum Liebeskünstler scheinbar abhandengekommen ist: Selbst die tiefsten Wunden können durch die Kraft der Liebe geheilt werden, die dir bereits in die Wiege gelegt wurde. Probier es noch einmal und lerne, dich besser zu schützen! Nicht auf grobe, tölpelhafte, stillose Art, sondern schön verpackt, mit rosaroter Schleife!«

Venus-Check
Kann man mit dieser Venus gut allein sein? Zum Alleinsein ist man nicht geboren.
Braucht man mit dieser Venus Sicherheit? Ja, aber man gibt sie auch.
Besteht diese Venus auf Treue? Einerseits ja, andererseits ist die Liebe ja so verlockend.
Macht diese Venus eifersüchtig? Weniger eifersüchtig als enttäuscht.
Findet man leicht einen Partner? Keine Frage, so beliebt, wie man ist in der Welt.

Venus im Zeichen Skorpion – Totale Liebe

Venusstärken Leidenschaftlich, hingebungsvoll
Venusschwächen Eifersüchtig, zügellos, ausschweifend, wollüstig, hemmungslos

Die Botschaft der Venus lautet: »Würde man dir sagen, dass du dein ganzes Leben mit einem stinknormalen Liebhaber verbringen wirst, könntest du dich auch gleich einmotten lassen oder ins Kloster gehen. Keine Dramen? Keine Eifersucht? Keine blutigen Schrammen? Liebe ist doch kein Spaziergang, bei dem sich zwei Menschen an den Händen halten und freundlich anlächeln! Eine Herausforderung ist das, ein Tanz auf dem Vulkan, alles oder nichts! Schließlich habe ich mir nicht umsonst die spannendste Ecke im astrologischen Tierkreis ausgesucht. ›Skorpion‹, das ist ein anderes Wort für ›Finsternis‹, für ›Unterwelt‹, für ›Hölle‹. Aber ›Skorpion‹ bedeutet auch ›Transformation‹. Wer hinuntertaucht in die tiefste Lust und Leidenschaft, wer den Mythos völliger Hingabe nachvollzieht, der geht nicht unter, sondern steigt strahlend, leicht und selbstbewusst wieder auf: Am anderen Ende des Tunnels ist Licht – und das weißt du auch!«

Venus-Check

Kann man mit dieser Venus gut allein sein? Es geht, aber man leidet.

Braucht man mit dieser Venus Sicherheit? Nein, sondern Leidenschaft, Gefühl, Tiefe.

Besteht diese Venus auf Treue? Natürlich, bis zum Tod!

Macht diese Venus eifersüchtig? Das ist das Problem: Man ist abgrundtief eifersüchtig.

Findet man leicht einen Partner? Nein, weil man nicht jeden akzeptiert.

Mars – Potent, sexy und dynamisch

Die Bedeutung des Mars

Rötlich funkelnd wie Feuer oder Blut, so präsentiert sich nur ein Gestirn am nächtlichen Himmel: der Planet Mars. Abhängig von seiner Nähe zur Erde verändert sich obendrein die Intensität. Menschen früherer Zeiten erschauerten daher, wenn sein Rot zunahm. Sie sprachen von einem zornigen Auge am Himmel und betrachteten es als böses Omen.

In klassischer Zeit galt Mars als Herr und Beschützer der Kriege. Hinter Mars stecken allerdings nicht nur bedrohliche Eigenschaften: So schickt er zum Beispiel zündende Ideen, verleiht Startkraft und schenkt Courage. Mars sorgt für den richtigen Biss, um sich behaupten und Rivalen aus dem Weg schlagen zu können. Er verleiht die für das Konkurrenzgerangel unerlässlichen »spitzen Ellenbogen« und programmiert auf Sieg. Er verkörpert das Urmännliche, den heldenhaften, schönen Jüngling genauso wie einen sexbesessenen Macho. Mars steht auch einfach für Libido und Potenz. In ganz besonderer Weise verrät die Marsposition die Art und Weise des Eroberungsspiels: Ob man direkt auf jemanden zugeht, abwartet oder gar zum Rückzug bläst, es ist Mars, der die Fäden in der Hand hält.

Mars ist ein absolut männlicher Planet, vielleicht der männlichste überhaupt. Frauen besitzen zwar genau wie Männer ihren Mars, aber eher als Potenzial, als Anlagebild, und neigen dazu, ihn nicht selbst auszuleben, sondern ihn zu projizieren. Sie suchen sich Männer, die ihrem Mars entsprechen. Über diesen Umweg hat er dann doch Anteil an ihrem Leben. Frauen, die Berufe ergreifen, welche früher eher als typisch männlich galten (im Management beispielsweise), leben ihren Mars weitgehend selbst. Er ist der regierende Planet des Widders und weist daher viele Wesenszüge dieses Tierkreiszeichens auf.

♂ Das astrologische Symbol besteht aus einem Kreis und einem Pfeil. Ersterer symbolisiert den Geist, Letzterer die Bewegung. Das Symbol in seiner Gesamtheit steht für einen bewegten und bewegenden Geist.

Auf den folgenden Seiten finden sich die zentralen Eigenschaften der Marsposition in einem Horoskop. Bei einer individuellen Anwendung ist ein weiteres Mal zu berücksichtigen, dass die Konstellation durch Verbindungen mit verschiedenen Gestirnen immer eine andere Nuance bekommen und im Einzelfall auch einmal stark von den hier genannten Interpretationen abweichen kann.

Die exakte Marsposition bei ihrer Geburt können Sie über die Homepage des Autors herunterladen (www.bauer-astro.de).

Die Jungfrau und ihre Marszeichen

Mars im Zeichen Widder – Impulsiv

Marsstärken Energisch, kühn, mutig, stolz
Marsschwächen Streitsüchtig, egoistisch

Die Botschaft des Mars lautet: »Du verfügst über doppeltes Feuer, bist kämpferisch, mutig und furchtlos. Du machst fast vor nichts halt, bist ein Draufgänger, ein Held und Abenteurer, jemand, der nicht lange fackelt. Du willst nach deiner Fasson leben und sorgst dafür, dass dein Wille geschieht. Allerdings kann es sein, dass du mich (noch) nicht hast zu Wort kommen lassen, dass du dich und andere vor mir schützt, mich vielleicht unterdrückst oder verleugnest. Du hältst dich vielmehr für eine friedliche oder gehemmte Person.

Möglicherweise verspürst du gelegentlich ein inneres Rumoren, es packt dich ein Beben, das in einen völlig unerwarteten Wutausbruch mündet. Wahrscheinlich steigt dir diese eingesperrte Power in den Kopf und macht sich dort schmerzhaft bemerkbar. Sei, wie du bist. Gib nach, verschaff dieser Kraft rechtzeitig Raum – und dir Luft!

Was hilft, ist eine Tätigkeit, die dir möglichst viel Freiheit lässt. Erleichterung findest du auch über sämtliche aktiven Sportarten. Am wichtigsten aber ist, dass du mit der Zeit mehr und mehr zu mir und damit zu dir stehst, dir mehr zutraust, öfter mal über die Stränge schlägst und dich nicht dafür tadelst, wenn dein ›marsischer‹ Anteil über dich kommt.«

Mars-Check
Wie gut setzt man sich mit diesem Mars durch? Die Voraussetzungen sind exzellent.
Wie aggressiv macht dieser Mars? Sehr, sofern man sich nicht auslebt.
Wie viel Sexpower bekommt man mit ihm? Jede Menge, vorausgesetzt, man unterdrückt sich nicht selbst.

Mars im Zeichen Stier – Beharrlich
Marsstärken Ausdauernd, zäh, sinnlich
Marsschwächen Jähzornig, gierig, stur

Die Botschaft des Mars lautet: »Die Kombination meines Feuers mit der Erde des Stiers verleiht dir die Stärke eines mittleren Erdbebens. Was du anpackst, ziehst du auch durch, denn du hast nicht nur Kraft, sondern bist auch zäh und ausdauernd. Dein Feuer brennt nicht lichterloh, um dann rasch in sich zusammenzufallen. Es gleicht einer beständigen Glut. Darüber hinaus bringt die Begegnung mit mir und dem Stier eine betont sinnliche Komponente in dein Dasein. Als dritte Haupteigenschaft verfügst du über einen enormen Erwerbstrieb: Dein Lebtag lang arbeitest du für Sicherheit, Geld, ein Haus, Luxus oder was auch immer. Du bist dazu geboren, das Fleckchen Erde, auf dem du lebst, in ein blühendes Paradies zu verwandeln.
Möglicherweise führe ich bei dir aber ein Schattendasein, und du kennst mich noch gar nicht richtig. Vielleicht schätzt du dein Leben überhaupt nicht als übermäßig sinnlich ein oder bezeich-

nest dich sogar als arm. Aber das heißt nur, dass du mich noch nicht gefunden hast. Doch ich bin da. Meine kolossale Kraft, meine Sinnlichkeit und der Zug zum Reichtum schlummern in dir.

Was dir hilft, mich zu aktivieren, sind körperliche Bewegung und Kontakt mit der Natur. Am wichtigsten aber ist, dass du an mich glaubst und in deinem Denken und Handeln Raum für mich schaffst.«

Mars-Check
Wie gut setzt man sich mit diesem Mars durch? Stark wird man bei Angriffen.
Wie aggressiv macht dieser Mars? Sehr, wenn man gereizt wird.
Wie viel Sexpower bekommt man mit ihm? Darüber muss kein Wort verloren werden. Oder höchstens eines: viel!

Mars im Zeichen Zwillinge – Verspielt
Marsstärken Gewandt, neugierig, vielseitig
Marsschwächen Unkonzentriert, zerstreut

Die Botschaft des Mars lautet: »Ich helfe dir dabei, ein unternehmerischer, vielseitig interessierter und talentierter Mensch zu sein. Mein Feuer in Verbindung mit der Luft des Zwillingezeichens macht dich mutig und unerschrocken. Die beiden Elemente ergeben eine sehr günstige Mischung: Feuer braucht Luft. Im übertragenen Sinn bedeutet Luft Kommunikation. Daraus folgt, dass du vitaler, lebendiger und feuriger wirst, sobald du unter Menschen bist. Hingegen dämpft Alleinsein dein Temperament. Oder die Gedanken beginnen zu rotieren, und du kannst deinen Kopf nicht mehr abschalten.

Deine ohnehin vorhandene Neugier wird durch mich noch beflügelt. Dein Interesse an allem lässt sich jedoch nur im Kontakt mit deiner Außenwelt ausreichend befriedigen. Allerdings kann es auch sein, dass du mich noch gar nicht richtig entdeckt hast und mich daher nicht ausleben kannst. Dein eigenes Leben kommt dir vielleicht überhaupt nicht übermäßig interessant und abwechslungsreich, sondern eher ziemlich öde vor. Dann ist es höchste Zeit, mich ans Licht zu holen. Du spürst womöglich schon, wie ich in deinem Innern rumore.

Was dir hilft, mich ›wecken‹, sind Atemübungen und viel körperliche Betätigung an der frischen Luft. Am wichtigsten aber ist, dass du an mich glaubst und in deinem Denken und Handeln Raum für mich schaffst.«

Mars-Check

Wie gut setzt man sich mit diesem Mars durch? Auf den Mund gefallen ist man mit ihm auf keinen Fall.

Wie aggressiv macht dieser Mars? Man schimpft höchstens einmal kräftig.

Wie viel Sexpower bekommt man mit ihm? Sex macht Spaß. Man hat viel Lust dazu, übertreibt es aber nicht.

Mars im Zeichen Krebs – Gefühlvoll

Marsstärken Emotional, eruptiv

Marsschwächen Schwierig, gebremst, »zickig«

Die Botschaft des Mars lautet: »Wir beide haben es nicht ganz leicht miteinander. Das Wasser des Krebszeichens kann mein Feuer zum Erlöschen bringen. Dann bist du ein Mensch, der Schwierigkeiten hat, seinen Willen durchzusetzen, notfalls mal die Ellenbogen einzusetzen, sich zu behaupten. Denn das sind die Eigenschaften, die ich verleihe. Zugleich aber bist du vermutlich innerlich gespannt, spürst Wut, Frustration und Ungenügen und kannst damit aber nicht richtig herausrücken. Du kannst allerdings auch diese feurigen Eigenschaften in dir transformieren. Du wirst jedoch nicht so direkt und forsch handeln, wie es diese Attribute ungebremst ermöglichen würden. Dafür besitzt du dann aber ein tiefes Gefühlsleben. Du bist so in positivster Weise ein Mensch, der tief in sich hineinschaut und seine Seele wie auch die anderer kennt.

Wenn du mich so lebst und erlebst, bist du ein rezeptiver, kreativer Mensch, einer, der durch sein Mitschwingen mit anderen und sein psychologisches Gespür am Ende genauso viel erreicht wie Menschen mit anderen Marspositionen. Allerdings kann es auch sein, dass ich bei dir noch ein Schattendasein führe. Du schätzt mich nicht und versuchst, mich durch effektiveres Verhalten zu ersetzen. Nur funktioniert das so eben nicht: Am Ende wirst du noch unsicherer sein.

Steh zu mir, deinem Mars! Lebe mich mit all meinen Widersprüchen. Befass dich mit Psychologie. Das hilft dir, dich selbst besser zu verstehen.«

Mars-Check
Wie gut setzt man sich mit diesem Mars durch? Es fällt einem schwer, sich auf direktem Weg durchzusetzen.
Wie aggressiv macht dieser Mars? Es dauert eine Weile, bis man wütend wird, dann aber richtig.
Wie viel Sexpower bekommt man mit ihm? Man ist sehr erotisch, wenn man sich sicher fühlt.

Mars im Zeichen Löwe – Imposant
   Marsstärken Selbstbewusst, herzlich, stolz
   Marsschwächen Selbstsüchtig, eitel

Die Botschaft des Mars lautet: »Du verfügst über doppeltes Feuer. Ich, der feurige Planet, begegne dem Löwen, einem dem Element Feuer zugehörenden Zeichen. Feuer trifft also auf Feuer, vereinigt sich, wird zur lodernden Flamme. Da Feuer ein Symbol gleichermaßen für Tatkraft wie geistige Regsamkeit ist, musst du ein dynamischer, unternehmungsfreudiger Mensch sein, dessen Wirken durchdrungen ist von geistiger Weitsicht und Größe. Deinen hohen Ansprüchen, mit denen du um die Durchsetzung deiner Ziele kämpfst, stehen eine einnehmende Herzlichkeit und eine lockere, beinah spielerische Haltung gegenüber. Man könnte meinen, deine Erfolge fielen dir einfach in den Schoß. Aber du bekommst nichts ›gratis‹. Du bist dem Leben und anderen Menschen gegenüber immer hilfsbereit und großzügig, und das gibt dir das Leben zurück. Solltest du dich in diesem Bild nicht wiederfinden und dich vom Leben eher benachteiligt als beschenkt fühlen, führe ich bei dir ein Schattendasein. Du hast mich noch gar nicht richtig entdeckt und kannst mich daher nicht ausleben.

Was dir hilft, mich in Gang zu bringen, ist Bewegung, Tanz, aktiver Sport. Vor allem aber musst du direkter, spontaner und selbstbewusster werden. Du musst dich mit mir in deinem Inneren verbinden – es ist alles da, was du dazu benötigst.«

Mars-Check

Wie gut setzt man sich mit diesem Mars durch? Das bereitet überhaupt keine Probleme.

Wie aggressiv macht dieser Mars? Man lässt sich nicht leicht aus der Ruhe bringen. Ist es aber einmal so weit, dann kracht's.

Wie viel Sexpower bekommt man mit ihm? Starken Partnern schenkt man alles. Schwächlinge schläfern ein.

Mars im Zeichen Jungfrau – Bedacht

Marsstärken Geistig fit, vernünftig, aktiv, arbeitsmotiviert, fleißig

Marsschwächen Zwanghaft, überängstlich

Die Botschaft des Mars lautet: »Feuer und Erde verbinden sich, wenn ich bei der Jungfrau, einem Erdzeichen, Station mache. Feuer und Erde zusammen wecken Aktivität, Arbeitswillen, Genauigkeit und Realitätssinn. Dein Feuer gleicht einer anhaltenden Glut. Das formt dich zu einem Menschen, der gern und gut arbeitet, ausdauernd und präzise ist, strategisch vorgeht und sich nicht unüberlegt in seine Arbeit stürzt. Diese Konstellation macht dich auch vorsichtig. Das kann unter Umständen in Kleinlichkeit und Angst ausarten. Ebenso mag eine übertrieben kritische Haltung sich selbst und anderen gegenüber die Folge sein. Du brauchst daher ein Ventil, etwas, was dir erlaubt, mich ohne zu viel Kontrolle und Analyse ausleben zu können, zum Beispiel beim Sport oder bei anderen körperlichen Aktivitäten. Auch riskante Freizeitbeschäftigungen (Paragliding, Klettern) sind für uns beide geeignet: Du passt nämlich gut auf dich auf, und meinen Ansprüchen geschieht Genüge. Das wiederum kommt, zusammen mit der Jungfrauenergie, deinem Schaffen zugute.

Du solltest auch einen Weg finden, deine Wut und deine Verletzungen besser zu zeigen. Du neigst nämlich dazu, deine Aggressionen zu unterdrücken und irgendwo zu ›bunkern‹ – bis dann das Maß voll ist und du wegen einer Kleinigkeit explodierst.«

Mars-Check
Wie gut setzt man sich mit diesem Mars durch? Das fällt leider nicht leicht.
Wie aggressiv macht dieser Mars? Es dauert eine ganze Weile, bis es zur Explosion kommt.
Wie viel Sexpower bekommt man mit ihm? Man ist weder Hengst noch Schnecke. Auf jeden Fall macht Erfolg sexy.

Mars im Zeichen Waage – Charmant
Marsstärken Lebhaft, gesellig, beliebt, ausgleichend, korrekt
Marsschwächen Ausschweifend, untreu, unmäßig

Die Botschaft des Mars lautet: »In dieser Position vereinigen sich mein Feuer und die Luft der Waage. Davon profitieren beide Elemente, und sie werden aufgewertet. Du bist daher ein leichter, ›luftiger‹ Mensch von sanguinischem Temperament und besitzt die Gabe, andere rasch für dich einzunehmen. Dein Auftreten ist charmant, einfühlsam, zuvorkommend. Ein weiteres Plus dieser Position ist ein guter Geschmack und künstlerisches Talent.

Mit mir im Zeichen Waage wirst du zu einem Streiter für Frieden und Ausgleich. Wo immer Ungerechtigkeiten und Zwietracht herrschen, fühlst du dich aufgerufen, zu schlichten und zu versöhnen. Zuweilen breche ich aber auch bei dir in all meiner Heftigkeit durch, nämlich dann, wenn du zu lange versucht hast, mich zu kontrollieren und zu unterdrücken.

Mit mir kommt auch dein Denken schwer in Gang. Du glaubst, alle Probleme mit dem Kopf lösen zu können. Wichtig ist, dass du dir für ›deinen Mars‹ ein Ventil suchst. Man kann mich nicht zu permanenter Friedfertigkeit verdonnern. Aber wenn du mich anderweitig lebst, beim Sport, bei abenteuerlicher Freizeitgestaltung, dann gelingt es dir besser, mich für deine pazifistischen Missionen einzuspannen.«

Mars-Check
Wie gut setzt man sich mit diesem Mars durch? Als guter Taktiker beißt man sich durch.
Wie aggressiv macht dieser Mars? Der Grundtenor ist friedlich. Gelegentliche Eruptionen sind nicht ausgeschlossen.
Wie viel Sexpower bekommt man mit ihm? Sex ist da. Gesucht aber wird geistiges Verstehen.

Mars im Zeichen Skorpion – Leidenschaftlich

Marsstärken Kraftvoll, ausdauernd, hartnäckig, furchtlos, mutig
Marsschwächen Lasterhaft, rachsüchtig

Die Botschaft des Mars lautet: »Dir steht durch mich eine besondere, eine starke, vitale Kraft zur Seite. Du bist ausgesprochen zäh, wenn es um die Verwirklichung eines Zieles geht, an dem dir auch emotional liegt. Selbst Mühen und Unannehmlichkeiten, mit denen sich andere Menschen nicht belasten würden, nimmst du dann gern in Kauf. Nicht verwunderlich, dass diese Hartnäckigkeit mitunter zu außerordentlichen Leistungen führt! Dennoch bist du kein Kraftprotz, einer, der die Muskeln spielen lässt und bei jeder Gelegenheit zeigen will, was er draufhat.

Der Skorpion ist vom Element her ein Wasserzeichen. Daher ist meine Kraft nicht auf äußere Wirkung aus. Meine Power geht nach innen. Diese Position führt dazu, dass du instinktmäßig weißt, wann dein Einsatz erforderlich ist, wann etwas Bedeutsames und Wichtiges ansteht und erledigt werden muss: Dann wirst du zum ›Helden‹. Daher ist dir zu raten, entsprechende Herausforderungen zu suchen und anzunehmen. Nur dann stehe ich voll auf deiner Seite. Ohne solche Kicks wirst du eher müde und lustlos reagieren. In der Verbindung zwischen Skorpion und mir besteht eine starke Neigung zur Zerstörung. Das ist immer dann gut, wenn etwas alt, verbraucht, überholt und ein neuer Anfang angezeigt ist. Aber hüte dich vor sinnloser Destruktion!

Mit dieser Konstellation verfügst du auch über eine kolossale Sexpower. Du bist leidenschaftlich, triebstark und letztendlich beseelt von der Idee, Nachwuchs in die Welt zu setzen.«

Mars-Check
Wie gut setzt man sich mit diesem Mars durch? Man operiert mit seiner Power indirekt und drückt so seinen Willen durch.
Wie aggressiv macht dieser Mars? Der Zerstörungskraft sind kaum Grenzen gesetzt.
Wie viel Sexpower bekommt man mit ihm? Mehr als alle anderen.

Mars im Zeichen Schütze – Temperamentvoll
Marsstärken Schlagfertig, gerecht, begeisterungsfähig, klar und offen
Marsschwächen Streitbar, aggressiv, beleidigend

Die Botschaft des Mars lautet: »Hier trifft Feuer auf Feuer, denn sowohl ich als auch der Schütze sind ihrer Natur nach feurig. Eine lodernde Flamme entsteht. Und im Zeichen Schütze manifestiere ich mich mit besonderer Intensität. Da Feuer ein Symbol gleichermaßen für Tatkraft wie geistige Regsamkeit ist, wirst du ein dynamischer, unternehmungsfreudiger Mensch, dessen Wirken durchdrungen ist von geistiger Weitsicht und Größe. Dein Handeln und Wirken wird stark von Idealen geleitet: von Gerechtigkeit, Ritterlichkeit und Fairness. Du bist leicht zu begeistern und, einmal in Schwung, kaum zu bremsen. Was du brauchst, ist ein Ziel, eine Hoffnung, eine Perspektive, sonst erlischt dein Feuer.

Allerdings kann es auch sein, dass dein Mars noch ein Schattendasein führt, dass du mich noch gar nicht richtig entdeckt hast. Vielleicht meinst du, keineswegs feurig oder übermäßig aktiv zu sein, sondern erlebst dich eher als passiven Zeitgenossen. Dies hieße dann, dass du einen Teil deines Selbst negierst – und dich auf die Suche nach mir, deinem Mars, begeben solltest.

Was dir hilft, mich zu initiieren, sind Bewegung, Tanz, aktiver Sport und Reisen. Vor allem aber solltest du direkter, spontaner und selbstbewusster werden. Du musst dich mit mir in deinem Inneren verbinden. Es ist alles vorhanden, was du brauchst.«

Mars-Check

Wie gut setzt man sich mit diesem Mars durch? Das klappt gut, solange Fairness herrscht.

Wie aggressiv macht dieser Mars? Zu streiten lohnt sich nur für eine gute Sache.

Wie viel Sexpower bekommt man mit ihm? Mit Sex ist man dem Himmel nah.

Mars im Zeichen Steinbock – Hartnäckig

Marsstärken Verantwortungsvoll, geduldig, zäh, mutig, tatkräftig
Marsschwächen Eigenwillig, missmutig

Die Botschaft des Mars lautet: »Das ist eine Verbindung von Feuer und Erde, da der Steinbock zu den Erdzeichen zählt. Feuer und

Erde zusammen wecken Arbeitswillen, Genauigkeit und Realitätssinn. Dein Feuer brennt nicht lichterloh (um sich dann rasch zu verzehren), sondern lang anhaltend wie eine wohlgeschürte Glut. Das macht dich zu einem Menschen, der gern und gut arbeitet, ausdauernd und präzise ist, strategisch vorgeht und sich nicht unüberlegt in seine Arbeit stürzt. Du bist auch extrem widerstandsfähig. Man kann dich mit einem Diamantbohrer vergleichen, der sich in eine Sache unaufhaltsam hineinfrisst. Und du bist erfolgreich. Du verfügst über die entsprechende Motivation und ein Gespür für Machtverhältnisse.

Diese Konstellation bedeutet aber auch, dass ein Wandel vonstattengehen muss. Aus einer impulsiven, feurigen, leicht erregbaren, leidenschaftlichen Energie wird eine kontrollier- und regelbare Kraft, die sich einer höheren Absicht fügt und dem Allgemeinwohl dient. Du darfst allerdings die ursprüngliche Qualität von mir, deinem Mars, nicht vollständig verlieren. Das würde zu Aggressionsstau und unter Umständen sogar zu gesundheitlichen Problemen führen.

Es ist also wichtig, dass du dir für die transformierten Eigenschaften ein Ventil suchst. Wenn du sie anderweitig lebst, beim Sport oder bei abenteuerlicher Freizeitgestaltung, dann gelingt es dir besser, mich für deine höheren Zwecke einzuspannen.«

Mars-Check
Wie gut setzt man sich mit diesem Mars durch? Harte Arbeit führt zum Ziel.
Wie aggressiv macht dieser Mars? Eigentlich ist man friedlich, lässt sich aber ungern provozieren.
Wie viel Sexpower bekommt man mit ihm? Wenn die Verhältnisse stimmen, kommt es zu Gipfelerlebnissen!

Mars im Zeichen Wassermann – Einfallsreich
Marsstärken Aufgeweckt, innovativ, selbständig, schöpferisch
Marsschwächen Prahlerisch, eingebildet

Die Botschaft des Mars lautet: »Es vereinigen sich Feuer (Mars) und Luft (Wassermann). Diese Kombination kommt beiden Elementen zugute und wertet sie auf. Du bist daher ein leichter, ›luftiger‹ Mensch, der über die Gabe verfügt, andere für sich einzunehmen. Dein Auftreten ist charmant, einfühlsam und zuvorkommend. Alltag, graues Einerlei, tägliche Routine sind dir ein Greuel. Du möchtest Neues erschaffen, eingefahrene Gleise verlassen, originell und schöpferisch sein. Freiheit ist für dich überaus wichtig. Du arbeitest besser, wenn dich nicht ständig jemand gängelt. Du bist der geborene ›Freelancer‹. Dein ausgeprägtes Improvisationstalent ermöglicht dir, originelle und unkonventionelle Lösungen zu finden, wenn du nicht durch Vorgaben eingeschränkt wirst. Auch in Beziehungen wird es schnell zu eng. Eine Ehe bereitet dir ebenfalls Probleme; du fühlst dich unfrei, wie ›eingesperrt‹.

Vielleicht aber entspricht diese Charakterisierung nicht deinem Selbstbild: Weder schätzt du dich als unabhängig oder freiheitsliebend noch als übermäßig schöpferisch ein. Dann ist zu vermuten, dass dein Mars noch auf seine Entdeckung wartet. Mach dich auf die Suche!

Was dir hilft, mich zu aktivieren, ist Bewegung, vor allem Tanz. Noch wichtiger aber wird es sein, unkonventioneller und spontaner zu werden. Du musst dich mit mir in deinem Inneren verbinden. Es ist alles da, was du dazu benötigst.«

Mars-Check
Wie gut setzt man sich mit diesem Mars durch? Genialität ist vorhanden, aber nicht unbedingt Durchsetzungskraft.
Wie aggressiv macht dieser Mars? Ein solches Verhalten ist undenkbar.

Wie viel Sexpower bekommt man mit ihm? Sex ist schön, aber längst nicht alles.

Mars im Zeichen Fische – Abwartend

Marsstärken Empfänglich, intuitiv, einfühlsam, kreativ
Marsschwächen Willensschwach, beeinflussbar, leicht zu täuschen

Die Botschaft des Mars lautet: »Mein Feuer und das Wasser der Fische treffen aufeinander. Das kann dazu führen, dass das Feuer zunächst einmal erlischt. Dann bist du ein Mensch, der Schwierigkeiten hat, seinen Willen durchzusetzen, die ›Ellenbogen‹ zu benutzen, sich zu behaupten – denn all dies sind Eigenschaften, die ich, der Planet Mars, verleihe. Gleichzeitig fühlst du dich jedoch innerlich gespannt, spürst Wut, Frustration und Ungenügen, aber du kannst damit nicht richtig herausrücken.

Es gibt allerdings auch die Möglichkeit, diese Qualitäten zu transformieren. Du wirst dann zwar noch lange nicht so direkt und forsch handeln können, wie es die ungebremsten Eigenschaften ermöglichen würden. Dafür gewinnst du eine andere Fähigkeit, nämlich ein kolossales Gespür. Das Fischezeichen ist seinem Wesen nach transparent, es besitzt keine klaren Grenzen, versetzt daher in die Lage, sich universell zu vernetzen. Du hast also eine Art sechsten Sinn, du spürst andere Menschen, die sich nicht einmal in der Nähe aufhalten.«

Mars-Check
Wie gut setzt man sich mit diesem Mars durch? Das macht Probleme. Es gelingt nur dann wirklich, wenn man von der Sache hundertprozentig überzeugt ist.

Wie aggressiv macht dieser Mars? Es dauert ewig, bis man aus der Haut fährt.

Wie viel Sexpower bekommt man mit ihm? Sex ist wunderbar, aber er ist nicht alles.

Jupiter – Innerlich und äußerlich reich

Die Bedeutung Jupiters

Nachts, wenn Venus nicht mehr (oder noch nicht) am Himmel leuchtet, ist Jupiter eins der hellsten Gestirne überhaupt. Kein Wunder daher, dass er unseren Vorfahren, die der Nacht in viel umfassenderem Maß ausgeliefert waren als wir heute in unserer künstlich erhellten Zeit, ein Symbol für Hoffnung, Trost, Stimmigkeit und Gerechtigkeit war. Oft verband man ihn mit der obersten Gottheit.

So auch in der griechischen Mythologie, auf die sich die Symbolik der Astrologie entscheidend bezieht. Jupiter heißt bei den Griechen »Zeus«, und über ihn gibt es unzählige Mythen. So war er es, der gegen seinen grausamen Vater Saturn(us) bzw. Kronos, den obersten der Titanen, antrat und ihn besiegte. Saturn hatte nämlich außer Zeus alle seine Nachkommen aufgefressen, weil ihm geweissagt worden war, dass ihn eines seiner Kinder vom Thron stoßen würde. Rheia, Zeus' Mutter, versteckte ihren Sohn vor dem Vater, und die Prophezeiung erfüllte sich: Zeus entthronte ihn und warf ihn in den Tartaros.

Andere Geschichten über Jupiter/Zeus erzählen eher Delikates. So gelüstete es den obersten Gott immer wieder nach weltlichen Frauen, die er durch List dazu brachte, mit ihm zu schlafen und Kinder von ihm zu empfangen. Bei Leda zum Beispiel verwandelte er sich in einen Schwan und zeugte mit ihr Pollux. Auch

Herakles und Dionysos entstammten seinem gemeinsamen Lager mit sterblichen Frauen. Gezeugt durch den unsterblichen Jupiter, erlangten seine Kinder ebenfalls das ewige Leben.

Die Position Jupiters im Horoskop verweist daher einerseits auf tiefe Einsichten: Jupiter sorgt dafür, dass einem »ein Licht aufgeht«, man letzten Endes weise wird. Auf der anderen Seite verkörpert er eine Gestalt, der eine unendlich große Liebe zukommt. Sinnbildlich gesprochen, sehnt sich der Mensch danach, sich mit dem göttlichen Jupiter zu vereinigen, um Kinder (symbolisch für Ideen und Taten) zu gebären, die unsterblich sind.

Des Weiteren symbolisiert Jupiter den großen Helfer, Heiler und Versöhner. Dort, wo er im Horoskop steht, findet der Mensch Kräfte, sich und andere zu trösten und zu stärken. Am bekanntesten ist Jupiter in der Astrologie aber deswegen, weil er das Glück verheißt.

♃ Das astrologische Symbol Jupiters besteht aus einem Halbkreis (er repräsentiert seelische Empfänglichkeit) und einem Kreuz, das wieder die Materie symbolisiert. Der Halbkreis neben dem Kreuz bedeutet: Das Seelische und die Materie gelten als gleichwertig, keines überragt das andere.

Wie zuvor bei Aszendent, Mond, Venus und Mars lässt sich die genaue Jupiterposition eines Horoskops mit Hilfe der Website des Autors ermitteln (www.bauer-astro.de).

Die Jungfrau und ihre Jupiterzeichen

Jupiter im Zeichen Widder – Das Glück der Inspiration
Jupiterstärken Selbstvertrauen, Optimismus
Jupiterschwächen Prahlerei

Die Botschaft Jupiters lautet: »Glück ist für dich die Möglichkeit, deinen Willen und deine Impulse spontan und unmittelbar umzusetzen. Du bist ein Abenteurer, in Wirklichkeit wie im Geiste. Du möchtest wie Kolumbus die Welt entdecken und wie Einstein, Hildegard von Bingen oder Galileo Galilei den Gipfel menschlicher Erkenntnis erreichen. Wenn du dich bewegst, geistig wie körperlich, bist du deinem Schöpfer am nächsten. Stillstand hingegen führt zur Resignation; du fühlst dich fern vom großen Ganzen. Durch deine optimistische und positive Weltauffassung bist du dafür bestimmt, anderen voranzugehen oder ihnen den Weg zu weisen. Es schlummert auch ein Heiler und Prophet in dir, der im Lauf deines Lebens geweckt werden will. Bevor du allerdings selbst ein Heiler sein kannst, brauchst du Persönlichkeiten, die dir auf deinem Weg ein Vorbild sind. Mit der Gabe, andere zu führen, musst du behutsam umgehen. Hüte dich davor, sie zu blenden oder sich über ihr Unwissen zu erheben. Du darfst die Demut nie verlieren, und du darfst nicht vergessen, dass du selbst auch ein Suchender bist.«

Jupiter-Check
Wie wird man mit Jupiters Hilfe innerlich und äußerlich reich? Durch Handeln, Reisen, Unternehmungen, Initiativen.
Wie lässt sich mit diesem Jupiter helfen und heilen? Durch Körpertherapie, Yoga, Sport, Wärme, Motivation anderer, tatkräftiges Unterstützen, Zusprechen von Mut.

Jupiter im Zeichen Stier – Das Glück der Erde
Jupiterstärken Geduld, Großzügigkeit
Jupiterschwächen Bequemlichkeit

Die Botschaft Jupiters lautet: »Dein Glück liegt im ungestörten Genuss. Überfluss und Sicherheit bedeuten für dich die Erfüllung deiner Wünsche. Du bist geduldig. Wie ein Gärtner sorgfältig Samen und Pflanzen hegt, damit sie zur vollen Größe heranwachsen können, so überwachst du dein Hab und Gut, deine Anlagen und Talente und entwickelst sie zur vollen Reife. Der Vergleich mit dem Gärtner ist auch in anderer Hinsicht passend, denn du liebst die Natur. Eine Waldlichtung im Frühling erscheint dir wie ein Dom, und du bist deinem Schöpfer vielleicht näher als in einer Kirche. Die Natur zeigt die Ordnung, Stimmigkeit und Erfüllung. Und die Natur heilt. Sie heilt dich, wenn du erschöpft oder krank bist. Du brauchst dich nur unter einen Baum zu legen, und du fühlst dich sofort besser. In der Natur findest du aber auch die Stoffe, um andere zu heilen. Nahrung, Heilkräuter, homöopathische Essenzen: Alles erhält durch Jupiter eine höhere Potenz, heilt und macht ganz.

Wovor du dich hüten musst, ist, Besitz zu horten. Ein Baum sammelt nicht die Erde, die ihn hält, er benutzt sie, um in den Himmel zu wachsen.«

Jupiter-Check
Wie wird man mit Jupiters Hilfe innerlich und äußerlich reich?
Durch Geduld und Nähe zur Erde. Durch materiellen Wohlstand. Durch Liebe und Sinnlichkeit.
Wie lässt sich mit diesem Jupiter helfen und heilen? Mit den Heilkräften der Natur.

Jupiter im Zeichen Zwillinge – Das einfache Glück
Jupiterstärken Begeisterungsfähigkeit
Jupiterschwächen Ruhelosigkeit

Die Botschaft Jupiters lautet: »Dein Glück findest du im Alltäglichen, auf einem Wochenmarkt, im Zug, bei einer Unterhaltung mit Freunden und Bekannten. Aber auch zu Menschen, die du noch nicht kennst, findest du rasch einen Bezug und große Nähe. Dieses ›kleine Glück‹ bedeutet dir mehr, als nach großer und absoluter Erfüllung zu suchen. Du verfügst über eine enorme sprachliche Begabung, kannst gut schreiben, formulieren und sprechen.

Um dich wohl zu fühlen, brauchst du die Geselligkeit, verbalen Austausch und lebendige Kommunikation. Unter Menschen findest du zu dir und fühlst dich aufgehoben. Allein hingegen verlierst du deine innere Sicherheit und den tiefen Glauben, dass alles sinnhaft ist und von einem höheren Willen getragen wird. Daher ist es auch deine Aufgabe, andere miteinander zu verbinden, damit sie sich nicht als isoliert erleben. Der Mensch ist ein soziales Wesen. Er wächst in einer Familie auf, schafft sich später seine eigene Familie, seine Arbeitswelt, seine Freunde. Du bist auf der Welt, um andere aus ihrer Einsamkeit zu befreien, in die sie irrtümlicherweise geraten sind.«

Jupiter-Check
Wie wird man mit Jupiters Hilfe innerlich und äußerlich reich? Im Kleinen, in den Dingen, die sich im Umfeld befinden. Und in der Begegnung mit anderen.
Wie lässt sich mit diesem Jupiter helfen und heilen? Durch gute Worte, aufmunternden Zuspruch, durch Zuhören und Teilnahme. Durch Verbinden und Vernetzen.

Jupiter im Zeichen Krebs – Das Glück der Geborgenheit

Jupiterstärken Suggestivwirkung, Phantasie
Jupiterschwächen Gefühlspathos, Missbrauch

Die Botschaft Jupiters lautet: »Wenn du fühlst, bist du. Man kann dich einen ›Seelentaucher‹ nennen, denn deine liebste Beschäftigung ist es, dich in deine eigene oder die Seele anderer zu vertiefen. Eine gesunde und heile Psyche ist für dich unerlässlich, um zufrieden zu sein. Auch Menschen aus deinem Umfeld wenden sich an dich, weil sie intuitiv spüren, dass du ihnen helfen kannst, ihr Innenleben zu heilen.

In der Familie siehst du den Anfang allen Glücks, aber auch allen Elends. Sosehr du sie schätzt, so fern liegt es dir, nur dein eigenes Nest zu bewundern. Im Gegenteil, fremde Sitten und Gewohnheiten sind dir ebenso wichtig wie die eigenen. Am liebsten würdest du in einer Gemeinschaft leben, die von Menschen unterschiedlichster Herkunft getragen wird.

›Geborgenheit‹ ist für dich kein leeres Wort, sondern ein anderer Ausdruck für ›Erfüllung‹, ›Heimat‹, ›Göttlichkeit‹ und ›Ewigkeit‹. Wie ein Seismograph erspürst du daher Unstimmigkeiten in deinem Umfeld, die disharmonisch sind und den Frieden stören können. Deine großen heilerischen Fähigkeiten ermöglichen es, solche Störungen sichtbar zu machen. Hüten musst du dich aber davor, als Retter aufzutreten. Du bist wahrhaftig, wenn du alles einfach nur geschehen lässt.«

Jupiter-Check

Wie wird man mit Jupiters Hilfe innerlich und äußerlich reich? Im Fühlen, in der Liebe, im Geben, in der Familie, in der Vergangenheit, bei den Ahnen.

Wie lässt sich mit diesem Jupiter helfen und heilen? Durch aufdeckende Gespräche.

Jupiter im Zeichen Löwe – Das Glück der Herzensfreude
Jupiterstärken Herzenswärme, Großmut
Jupiterschwächen Eitelkeit, Dünkel

Die Botschaft Jupiters lautet: »Glück bedeutet für dich, dass du die Möglichkeit hast, spontan und großzügig zu schenken. Äußere Werte sind dir deshalb nicht unwichtig, denn nur wer hat, kann auch geben. Aber du bist absolut kein Materialist, im Gegenteil: Wenn du nach Macht und Einfluss strebst, dann nicht in erster Linie um persönlicher Vorteile willen, sondern weil du überzeugt bist, anderen etwas geben zu können. Du verbreitest Optimismus. Deine Bestimmung ist es, anderen die Freude am Leben zu zeigen. So wie ich, dein Jupiter, einst die Schreckensherrschaft Saturns beendet habe und den Menschen eine gütigere, gerechtere Zeit brachte, so bist du auf der Welt, um Menschen zu erheitern, Sorgen und Kummer zu vertreiben.

Hüten musst du dich vor Stolz und Überheblichkeit. Bleib gütig! Trag das Feuer der Freude unter die Menschen, aber achte darauf, dass du niemanden damit verbrennst!«

Jupiter-Check
Wie wird man mit Jupiters Hilfe innerlich und äußerlich reich? Durch lebendige Teilnahme am Leben, Großzügigkeit und die Kraft des Herzens.

Wie lässt sich mit diesem Jupiter helfen und heilen? Indem man anderen das Leben als nährenden Urgrund zeigt, als göttlichen Spielplatz.

Jupiter im Zeichen Jungfrau – Das Glück der Unschuld
Jupiterstärken Engagement, Bescheidenheit
Jupiterschwächen Zersplitterung

Die Botschaft Jupiters lautet: »Glück ist für dich die einfachste Sache der Welt, es liegt vor der Tür, es braucht nur gefunden und aufgehoben zu werden. Einzige Voraussetzung: Man muss unschuldig sein wie ein Kind. Du bist daher auch kein Freund großangelegter und sich ewig hinziehender Expeditionen auf der Suche nach dem Glück. Entweder es ist hier – oder nirgends.

Insbesondere die Natur ist dir ein genialer Lehrmeister. Die Folge der Jahreszeiten, das Ineinandergreifen von Phasen des Wachstums und der Stagnation: Das alles ist für dich ein Ausdruck göttlicher Ordnung, die sich tagtäglich und jahraus, jahrein wiederholt. Auf besondere Weise faszinieren dich aber auch die Vorgänge im Zusammenhang mit dem menschlichen Körper. Dieses tagtägliche Wunder von Nahrungsaufnahme und Verwandlung in Leben, das Zusammenwirken Tausender Prozesse – all dies sind für dich sinnhafte Beweise göttlichen Wirkens.

Deine Kenntnisse befähigen dich zum Heiler. Schon durch deine Nähe initiierst du bei anderen die Genesung. Wovor du dich hüten musst, ist, dein Wissen zu missbrauchen. Wirke durch gutes Beispiel und nicht durch Besserwisserei!«

Jupiter-Check
Wie wird man mit Jupiters Hilfe innerlich und äußerlich reich? Im alltäglichen Tun, bei der Arbeit, im Gefühl der Ordnung.
Wie lässt sich mit diesem Jupiter helfen und heilen? Durch bewusste Ernährung, das Studium von Körper und Geist und Lernen von der Natur.

Jupiter im Zeichen Waage – Das Glück der Liebe

Jupiterstärken Toleranz, Lebenskunst
Jupiterschwächen Eitelkeit, Genusssucht

Die Botschaft Jupiters lautet: »Glück findest du in der Kraft der Liebe. Du brauchst nicht einmal selbst unmittelbar daran teilzuhaben. Auch wenn andere Menschen sie entdecken, fühlst du dich angenommen, zu Hause, eins mit der Schöpfung. Noch göttlicher ist es natürlich, wenn Amor dich selbst trifft. Auf einer Wolke schwebst du, im Paradies bist du angekommen … Liebe ist deiner Meinung nach Ursprung und Ziel allen Seins. Gott ist die Liebe, und das Leben entspringt aus ihr. Der Liebe gibst du alles. Umgekehrt beschenkt sie dich auch. Du kannst andere tief berühren, trösten, erfreuen und aufbauen.

Auch der Kunst gehört dein Herz. Allerdings zählt für dich nur das dazu, was von Liebe getragen ist und Harmonie und Stimmigkeit ausdrückt. Im Grunde schlummert in dir selbst ein Künstler, der darauf wartet, seine Fähigkeiten zum Fließen bringen zu können. Wovor du dich hüten musst, ist, dich von Liebe und Harmonie einlullen zu lassen. Alles im Leben hat zwei Seiten. Zur Liebe gehört Auseinandersetzung und zur Harmonie Spannung. Nur wenn du das Gleichgewicht zwischen beiden Seiten findest, ist die Liebe vollendet.«

Jupiter-Check

Wie wird man mit Jupiters Hilfe innerlich und äußerlich reich?
Indem man verzeiht, liebt, empfangen und geben kann.
Wie lässt sich mit diesem Jupiter helfen und heilen? Allein die Nähe heilt, und Berührungen sind eine Wohltat.

Jupiter im Zeichen Skorpion – Das Glück der Tiefe
Jupiterstärken Tiefgründigkeit, Spiritismus
Jupiterschwächen Exaltiertheit, Despotismus

Die Botschaft Jupiters lautet: »Glück findet sich deiner Meinung nach auf dem Grund aller Dinge, nicht an der Oberfläche. Dieses Wissen habe ich dir verliehen. Du sollst es weiterverbreiten. Was die Welt zusammenhält, ist der ewige Kreislauf von Zeugung, Geburt, Leben und Tod. Alles war schon immer, und alles wird immer sein. Daher musst du dich in besonderer Weise solcher Angelegenheiten annehmen, die ausgegrenzt werden aus dem Ganzen, aber dazugehören. Zum Beispiel ist für dich der Schatten ein notwendiger Teil des Lichts. Du fühlst dich daher veranlasst, dich für Schwächere einzusetzen oder aus der Gesellschaft Ausgeschlossene zu unterstützen. Du weißt instinktiv, dass es dem Leben schadet, wenn nicht alle Seiten integriert werden.

Mein heilendes Jupiterfeuer lodert in dir sehr stark. Wie Pollux einst seinem toten Bruder Castor in die Unterwelt folgte, um ihn zu retten, bist du bereit, die größten Unannehmlichkeiten auf dich zu nehmen, damit das Leben keinen Teil verliert. Du bist daher der geborene Retter und Heiler, gleich, ob du diese Gaben in einem Beruf ausübst oder sie als selbstverständlichen Beitrag in deinen Alltag einbringst. Wovor du dich hüten musst, ist, dem Dunklen und Schatten zu sehr zu verfallen – und das Helle nicht mehr klar zu sehen.«

Jupiter-Check
Wie wird man mit Jupiters Hilfe innerlich und äußerlich reich?
Indem man das Offensichtliche hinterfragt, in die Tiefe geht, abwartet und einfach *ist*.
Wie lässt sich mit diesem Jupiter helfen und heilen? Indem man sich derer annimmt, die ein Schattendasein führen.

Jupiter im Zeichen Schütze – Das Glück der Weisheit

Jupiterstärken Idealismus, Glaube, religiöse Erfahrung, Sinnsuche

Jupiterschwächen Schwärmerei, Naivität, Dogmatismus

Die Botschaft Jupiters lautet: »Du bist auf der Welt, um das Glück zu suchen. In dir lebt die Geschichte aller fahrenden Völker fort, der Nomaden und Boten, herumziehenden Bader, Gaukler, Barden und Geschichtenerzähler. Letztlich ist es die Suche nach dem Heiligen Gral, nach Erleuchtung, der blauen Blume, der Quintessenz der Alchemie. Glaube ist für dich Realität, Gott ist nicht irgendwo unerreichbar, sondern überall. Auf dem Weg zu sein ist für dich das Ziel.

So verbreitest du die Wahrheit des Vielen und nicht die des Einen. Deswegen bist du so tröstlich für diese Welt, denn du hast immer noch eine Perspektive, siehst immer noch eine Möglichkeit. Nichts ist für dich aussichtslos: Viele Wege führen nach Rom, und kein Problem ist so groß, dass es nicht doch eine Lösung gäbe.

Das Feuer, das ich, dein Jupiter, dir in die Hände gebe, heißt Weisheit. Wovor du dich allerdings hüten musst, ist, das Kind mit dem Bade auszuschütten. In deinem heilsamen Krieg gegen die Blindheit der Menschen läufst du Gefahr, selbst blind und einseitig zu werden.«

Jupiter-Check

Wie wird man mit Jupiters Hilfe innerlich und äußerlich reich? Durch die Suche nach Sinn und Göttlichkeit.

Wie lässt sich mit diesem Jupiter helfen und heilen? Durch eine Lebensweise, die Hoffnung verbreitet.

Jupiter im Zeichen Steinbock – Das Glück des Erfolgs
Jupiterstärken Führungsqualität, Ausdauer
Jupiterschwächen Lehrmeisterei

Die Botschaft Jupiters lautet: »Glück ist für dich, deine Arbeit getan zu haben und Ruhe und Sammlung dankbar zu genießen. Glück ist für dich aber auch, sich einer Sache vollständig zu verschreiben, ihr zu gehören, bis sie vollbracht ist. Darin gleichst du einem Bergsteiger, der nicht ruht, bevor er auf dem Gipfel steht und nach dem nächsten Ausschau hält. Du bist ein Mensch, der sich selbst antreiben und motivieren kann.

Ich, dein Jupiter, befähige dich auch, zu einem Führer zu werden, einer, der anderen vorausgeht. Um das zu leisten, was dein Karma ist, brauchst du Kraft, Ausdauer und Zähigkeit. Du bist hart zu dir selbst, weil du weißt, dass deine Ziele keine Schonung dulden. Das Gleiche erwartest du allerdings auch von anderen, was manchmal dazu führt, dass diese dich fürchten und dir aus dem Weg gehen. Daher ist es für dich wichtig, zu erkennen, dass nicht alle Menschen aus dem gleichen (harten) Holz geschnitzt sind wie du. Entwickle Geduld, Nachsicht und Toleranz für deine Mitmenschen, und du wirst eines Tages den höchsten Berg bezwingen, nämlich den der Weisheit.«

Jupiter-Check
Wie wird man mit Jupiters Hilfe innerlich und äußerlich reich? Durch Arbeit und Übernahme von Verantwortung, durch Demut.

Wie lässt sich mit diesem Jupiter helfen und heilen? Durch vorbildliches Verhalten, durch richtige Führung.

Jupiter im Zeichen Wassermann –
Das Glück des Wandels

Jupiterstärken Humanismus, Toleranz
Jupiterschwächen Autoritätskonflikte

Die Botschaft Jupiters lautet: »Glück ist für dich das Gefühl, vorwärtszuschreiten, nicht stehen zu bleiben und deinen Idealen von einer gerechten, liebevollen Welt näherzukommen. Du unterstellst dich selbst dem Fortschritt, arbeitest und, wenn es nötig ist, kämpfst für ihn. Es geht dir nicht um deine eigene Zukunft. Du bist ein Philanthrop, ein Menschenfreund, der an das Gute glaubt. Dabei unterstützt du Eigenverantwortung und Autonomie. Hilfe zur Selbsthilfe: So lautet dein Programm. Es fällt dir schwer, dich in eine Hierarchie einzuordnen. Ungleichheit zwischen den Menschen ist für dich ein Greuel. Die Kraft deines Glaubens an eine positive Zukunft macht dich für diesen Planeten so wichtig. Denn deinen Visionen ist es zu verdanken, dass die Welt nicht stehen bleibt, sondern sich immer weiterentwickelt.

Wovor du dich in Acht nehmen musst, ist, das Alte nicht völlig zu verwerfen. Du beraubst dich sonst deiner eigenen Wurzeln. Dann aber wird auch der Fortschritt illusorisch.«

Jupiter-Check

Wie wird man mit Jupiters Hilfe innerlich und äußerlich reich? Durch Arbeit für eine bessere Zukunft.

Wie lässt sich mit diesem Jupiter helfen und heilen? Durch Vermittlung neuer Perspektiven, durch solidarische Unterstützung und Veränderung.

Jupiter im Zeichen Fische – Das Glück des Seins

Jupiterstärken Liebe, Mitgefühl, Intuition

Jupiterschwächen Helfersyndrom

Die Botschaft Jupiters lautet: »Glück bedeutet für dich, eins zu sein mit der Schöpfung – ähnlich einem Tropfen, der ins Meer fällt und eins wird mit dem Ganzen. Dein Leben richtet sich nach dem Ideal der Selbstlosigkeit und dem Zurückstellen eigener Bedürfnisse hinter das Wohlergehen des größeren Ganzen. Soziales Engagement ist für dich kein politisches Schlagwort, sondern selbstverständliche Lebensqualität. Du bist sensibel, empörst dich über Ungerechtigkeit und Lieblosigkeit. Ich, dein Jupiter, verleihe dir eine besondere Magie, die Leid und Traurigkeit auflösen kann. Du tust aber gut daran, diese Fähigkeit weiterzuentwickeln, indem du zum Beispiel Heilpraktiker wirst oder dich mit Themen beschäftigst, die deine Anlagen fördern.

Da du dich oft an großen Idealen orientierst, macht dir der Umgang mit der unmittelbaren, konkreten Wirklichkeit mitunter Mühe. Des Weiteren ist es wichtig, dass du dich als Helfer nicht ausnutzen lässt. Du musst lernen, dich abzugrenzen.«

Jupiter-Check

Wie wird man mit Jupiters Hilfe innerlich und äußerlich reich? Durch Hingabe an das, was ist, durch Liebe des Ganzen.

Wie lässt sich mit diesem Jupiter helfen und heilen? Es sind große heilerische Fähigkeiten vorhanden, die aber gefördert werden sollen.

Saturn – Zum Diamanten werden

Die Bedeutung Saturns

Früher galt Saturn in der Astrologie weithin als Übeltäter, als Verkörperung des Schlechten und Bösen. Er scheint es darauf abgesehen zu haben, uns das Leben so schwer wie irgend möglich zu machen. Wie der Drache im Märchen verkörpert er Gefahr, Schrecken, ja zuweilen sogar den Tod. Daher finden sich alte Darstellungen, auf denen Saturn häufig als Knochengerüst mit Sense zu sehen ist, das alles erbarmungslos niedermäht. Saturn kennt kein Mitleid, keine Gnade. Er wirft den Menschen ihr Schicksal vor die Füße – und es bleibt nichts anderes, als es zu nehmen und zu tragen.

Heutzutage wird seine Wirkung positiver gesehen: Wenn Saturn einen noch so sehr plagt, schikaniert, an den Abgrund heranführt, dann hilft er ebenso, sich gegen die Unbilden des Schicksals zu wappnen. Er »schmiedet« den Menschen, macht ihn hart, widerstandsfähig und ausdauernd. Wer immer etwas Großes erreicht in seinem Leben, der schafft es mit Hilfe Saturns und seiner (oft) grausamen Wechselbäder. Da, wo im Horoskop der Planet Saturn steht, muss der Mensch also lernen, in die Schule gehen, dort wird er gestreckt und zusammengeschoben, kritisiert und tyrannisiert, trainiert und behindert – bis er nahezu Perfektion erlangt: Vollkommenheit und Reinheit. Vom Rohling zum Diamanten, so lässt sich das Wirken Saturns zusammenfassen.

Und dennoch geht es dabei keineswegs ausschließlich um Härte, Ausdauer, Übung, Verzicht und unermüdliches Arbeiten an sich selbst. Der Weg zur Vollkommenheit führt unmittelbar am Fluss der Gnade entlang. Saturn ist kein kalter, gemeiner, fordernder Feind, dem gegenüber es sich zu wappnen und zu rüsten gilt. Er verlangt, nein, er verdient Ehrfurcht, Demut, Liebe.

♄ Das astrologische Symbol besteht aus einem Halbkreis, der dem Kreuz untergeordnet ist. Es drückt aus, dass das Seelische (Halbkreis) unter dem Materiellen (Kreuz) steht, ihm untergeordnet ist.

Auf den folgenden Seiten finden sich die zentralen Eigenschaften der Saturnposition in einem Horoskop. Bei der individuellen Anwendung ist einmal mehr zu berücksichtigen, dass diese Stellung stets auch durch Verbindungen mit den übrigen Gestirnen eine andere Färbung bekommen und im Einzelfall auch einmal stark von den hier genannten Deutungen abweichen kann.

Ihre exakte Saturnposition können Sie über die Homepage des Autors herunterladen (www.bauer-astro.de).

Die Jungfrau und ihre Saturnzeichen

Saturn im Zeichen Widder – Über die Kraft herrschen

Saturnstärken Ehrgeizig, machtvoll, führungsbegabt, durchsetzungsstark, edel

Saturnschwächen Rechthaberisch, sarkastisch, bösartig, bissig, gemein

Die Botschaft Saturns lautet: »In deinem Leben geht es darum, deine Wildheit zu bändigen, deine Emotionen zu zügeln und deinen persönlichen Willen einem höheren Ziel, einer Idee mit allgemeinem Wert unterzuordnen. Stell dir mich, Saturn, als ›Pferdeflüsterer‹ und das Widderzeichen als ein wildes Pferd vor, aus dem ein edles Ross werden soll, das dem Reiter seine feurige Energie voll und gern zur Verfügung stellt.

Viele Menschen mit dem Saturn im Zeichen Widder tendieren allerdings dazu, ihre Wildheit zu brechen, sie zu unterdrücken. Sie verdrängen und vergessen sie und sind schließlich im Besitz eines, um es salopp auszudrücken, alten Kleppers. Damit du nicht in diesen Zustand gerätst, bedarf es großer Geduld und harter Arbeit an dir selbst. Du musst die Auseinandersetzung mit dem Leben als Läuterungsprozess begreifen und Kritik nicht als Verhinderung oder Bösartigkeit des Schicksals, sondern als einen Wink Saturns nehmen. Wichtig ist auch, dass du deine Emotionen, Wünsche und Sehnsüchte hinterfragst und diesem Prozess der Katharsis unterordnest.«

Saturn-Check

Wo muss man sich diesem Saturn beugen? Man muss sein Feuer zähmen und sich in Geduld üben.

Welche Mittel und Methoden wendet Saturn an? Vollkommenheit soll erreicht werden durch Verhinderung, Kritik und Strafe.

Worauf muss man achten? Nicht zu streng und rechthaberisch zu werden.

Saturn im Zeichen Stier – Über die Lust herrschen

Saturnstärken Beharrlichkeit, Festigkeit, Standhaftigkeit, Sparsamkeit

Saturnschwächen Geiz, Gefühllosigkeit, Sturheit, Gier, Neid, Existenzangst

Die Botschaft Saturns lautet: »Du musst deine Lust und deine Gier kontrollieren. Denn du neigst dazu, dass du mehr und härter arbeitest, als dir guttut, dass du nervös und gestresst bist und schließlich arbeitsunfähig wirst. Überdies tendierst du dazu, dein Geld in Geschäften anzulegen, die du nicht übersiehst, und am Ende ergeht es dir wie ›Hans im Glück‹: Du besitzt gar nichts mehr. Du läufst also Gefahr, über deine Verhältnisse zu leben, und das von Kindesbeinen an.

Dramatische Auseinandersetzungen mit Eltern und anderen Erwachsenen sind die Folge, wobei in deinen Augen zunächst immer die anderen die ›bösen, versagenden und missgünstigen‹ Menschen sind. Aber es ist mein Einfluss, der dir das Leben schwermacht. Ich, Saturn, verlange Verzicht – und das gerade dort, wo du am meisten Spaß hast. Das ist ein harter, mühsamer, frustrierender Weg. Auf diese Weise entwickelst du jedoch eine besonders feine Sinnlichkeit, wirst zum Genießer der kleinen Dinge und der wirklichen Köstlichkeiten des Lebens.«

Saturn-Check

Wo muss man sich diesem Saturn beugen? Seiner Lust und seinen Wünschen nicht nachgeben, Vorsicht beim Streben nach materiellen Werten.

Welche Mittel und Methoden wendet Saturn an? Der Weg führt durch Leid, Schmerzen, Versagung und Verhinderung, unter Umständen auch durch Krankheit.

Worauf muss man achten? Sich nicht kasteien und sich und den anderen so die Lust am Leben nehmen.

Saturn im Zeichen Zwillinge –
Über die Leichtfertigkeit herrschen

> *Saturnstärken* Klarheit, Überblick, das Wesentliche erkennen, literarisches Geschick, geistige Wendigkeit
> *Saturnschwächen* Die Wahrheit verdrehen, Unsicherheit, Besserwisserei, Charakterschwäche

Die Botschaft Saturns lautet: »Deine Aufgabe ist es, dich im Leben nicht zu verzetteln, die Wahrheit zu finden und nicht ihren Schein, Wissen zu erwerben, das wirklich nützlich ist. Du gehst dein Lebtag lang in eine Schule, in der du lernst, stetig besser zu werden, immer mehr Kenntnisse zu erwerben. Aber dieses ›Besser‹ und dieses ›Mehr‹ sind nicht einfach quantitativ gemeint. Es geht um einen großen Reifungsprozess.

Was ist der Grund, dich dermaßen streng zu disziplinieren? In deiner Persönlichkeit findet sich ein unglaublich leichtfertiger Anteil. Aus der Sicht des (Über)lebens heraus braucht es daher eine andere, eben die saturnische Kraft, damit du dir nicht aus dieser Gedankenlosigkeit heraus selbst schadest. In deiner Tiefenpsyche herrscht also ein berechtigter Zweifel an deinen Kontrollfunktionen. Das ist der Grund für die Strenge Saturns. Wenn du mit mir, dem Zwillingesaturn, behutsam und richtig umgehst, dann ›schleifst‹ du dich selbst, wirst nicht überheblich, sondern orientierst dich an anderen und suchst dir Lehrer und Meister, die dir helfen, vollkommener zu werden.

Worauf du noch achten musst: Mit dieser Saturnstellung neigt man zu einsamen Entschlüssen. Sozusagen als Gegenreaktion auf die Leichtfertigkeit wird man zum Dogmatiker und Besserwisser, zu einem, der alles mit dem Kopf checkt. Eine solche Haltung entspricht nicht meinem Wunsch.«

Saturn-Check
Wo muss man sich diesem Saturn beugen? Lernen, Kritik konstruktiv zu nehmen. Man muss über sämtliche Konsequenzen seines Verhaltens Bescheid wissen.
Welche Mittel und Methoden wendet Saturn an? Mit Verhinderung, Misserfolg und Demütigung muss man rechnen.
Worauf muss man achten? Nicht dogmatisch und überheblich zu werden. Auch vor allzu großer Strenge muss man sich hüten.

Saturn im Zeichen Krebs – Über die Gefühle herrschen
Saturnstärken Selbstbeherrschung, seine Gefühle im Griff haben, zum Kern vordringen, Distanz, Wahrhaftigkeit, Zuverlässigkeit
Saturnschwächen Gefühlskälte, Rückzug, Misstrauen, Pessimismus

Die Botschaft Saturns lautet: »Aus einem Wesen, das seinen Instinkten, seinem ›Bauch‹ folgt, soll ein Mensch werden, der sein Leben nach Einsicht, Wahrheit und höherem Wissen steuert. Der Weg ist überaus schwierig und schmerzlich. Saturn hat dir nämlich Angst vor dem Glück und sogar vor der Liebe eingepflanzt. Als wäre es für dich verboten, Zufriedenheit zu kosten, als müsstest du immer wieder die Erfahrung machen, dass das Leben bitter ist.
Woher kommen diese Ängste? Deine Psyche ist geprägt von traumatischen Erfahrungen. Es kann sein, dass sie aus früheren Leben stammen. Es ist aber genauso möglich, dass du mit bestimmten existenziellen Erfahrungen deiner Ahnen verbunden bist. Jeden-

falls lebt in dir die Angst fort, deine Gefühle könnten missbraucht werden, so wie es schon einmal geschehen ist. Deswegen misstraue ich, Saturn im Zeichen Krebs, grundsätzlich allen Empfindungen. Es ist reiner Schutz. Du sollst über die Gefühle hinauswachsen, unabhängig und frei von ihnen werden.

Aber du darfst mich auch nicht zum Alleinherrscher über dein Leben erheben und grundsätzlich vor allen Regungen davonlaufen. Du sollst klüger, erfahrener ins Leben treten, damit dir nichts Schlechtes widerfährt. Ziel deines Daseins ist es, deine Vergangenheit zu überwinden, nicht vor ihr zu kapitulieren. Stell dich deinen Gefühlen! Du bist kein Kind mehr, das man verletzen kann. Du bist eine erwachsene, starke Persönlichkeit!«

Saturn-Check
Wo muss man sich diesem Saturn beugen? Der Weg führt durch Leid, Schmerzen, Versagung und Verhinderung, unter Umständen auch durch Krankheit.
Welche Mittel und Methoden wendet Saturn an? Angst, Schmerzen, Versagung und Leid.
Worauf muss man achten? Das »Kind nicht mit dem Bad auszuschütten« sowie Gefühle zu missachten und zu unterdrücken.

Saturn im Zeichen Löwe – Über das Ego herrschen
Saturnstärken Selbstbeherrscht, erhaben, edel, vollendet
Saturnschwächen Arrogant, selbstherrlich

Die Botschaft Saturns lautet: »Du bist dafür bestimmt, das Höchste anzustreben – und musst doch immer wieder die Erfahrung machen, ganz unten zu sein. Durch mich, Saturn im Zeichen Löwe, werden Menschen geschmiedet, die Ruhm und Ehre erwerben, Meister und Führungspersönlichkeiten. Aber der Weg dorthin ist beschwerlich. Du wirst viel erdulden, durchmachen und verstehen müssen. Das Leben pendelt zwischen Macht und Ohnmacht, zwischen Stolz und Scham hin und her. Allmählich entwickelst du vielleicht Angst vor Macht, Verantwortung und Erfolg – und wirst doch davon auch angezogen.

Diese Saturnposition kann mit der Zeit zu Unlust dem Leben gegenüber führen. Dagegen musst du dann selbst ›zu Felde ziehen‹. Zuvor aber brauchst du die Einsicht, was ich eigentlich bezwecken möchte. Bedenke, dass diese Stellung die Folge von Machtmissbrauch ist. Vielleicht hast du in einem früheren Leben versagt, die Verantwortung nicht übernommen. Vielleicht trägst du aber auch an einer Schuld der eigenen Ahnen.

Saturn im Zeichen Löwe ›erzieht‹ dich dazu, dein Wirken, dein Verhalten und Sein zu überdenken und hinsichtlich sämtlicher Konsequenzen zu verantworten. Dazu gehört im Besonderen das Verhalten als Vater bzw. Mutter den eigenen Kindern gegenüber. Du musst die Verantwortung selbst dann übernehmen, wenn du nach gängiger Meinung davon freigesprochen wirst, wie zum Beispiel bei einer Krankheit oder einem Unfall.«

Saturn-Check
Wo muss man sich diesem Saturn beugen? Lernen, Verantwortung zu übernehmen.
Welche Mittel und Methoden wendet Saturn an? Man wird behindert, gedemütigt, kritisiert.
Worauf muss man achten? Nicht zu einem lust- und lebensfeindlichen Menschen zu werden.

Saturn im Zeichen Jungfrau –
Über den Körper herrschen
Saturnstärken Treue, Anhänglichkeit, Arbeitseifer, Selbstkontrolle, Genügsamkeit
Saturnschwächen Ernst, Pedanterie, Kritiksucht

Die Botschaft Saturns lautet: »Bei dir trifft Kontrolle auf Kontrolle. Denn allein das Zeichen Jungfrau bedeutet, dass man seine Gefühle, seine Triebe, seinen Sex, seinen gesamten Körper im

Griff hat. Wenn dann ich, Saturn, noch hinzukomme, verdoppelt sich die vorsichtige und kritische Einstellung. Bei dermaßen viel Skepsis muss in der Vergangenheit (in einem früheren Leben, in der eigenen Ahnenreihe) etwas geschehen sein, was große Angst hervorgerufen hat: Angst vor Sexualität und dem damit verbundenen Akt der Zeugung, Angst vor Schwangerschaft und Geburt. Saturn in der Jungfrau verweist auf ein ›Versagen‹ in diesem Bereich: Vielleicht musste eine Schwangerschaft abgebrochen werden, möglicherweise kam ein Kind tot zur Welt, oder beide, Mutter und Kind, starben.

Durch meine Position wird jetzt ein Riegel vor Sex und Zeugung geschoben, werden die Gefühle blockiert, die Lust verringert, wird versucht, aus dem ›Tiermenschen‹ mit seiner Abhängigkeit von Lust und Trieben einen Homo sapiens im wahrsten Sinne des Wortes, einen ›weisen‹ Menschen zu machen. Ich, Saturn, verhindere also und wecke zugleich die Sehnsucht, das Körperhafte des Lebens zu transformieren, ein Wesen zu sein, dessen Energie nicht aus den Lenden, sondern aus dem Geist kommt. Das heißt beileibe nicht, dass du dich in ein Kloster zurückziehen sollst. Aber du musst dich mit diesem Thema auseinandersetzen. Das bleibt niemandem erspart, dessen Saturn im Zeichen Jungfrau steht.«

Saturn-Check

Wo muss man sich diesem Saturn beugen? Man muss seine Lust kontrollieren.

Welche Mittel und Methoden wendet Saturn an? Versagen, Enttäuschung, Krankheit, darauf muss man gefasst sein. Einsicht ist Bedingung.

Worauf muss man achten? Seine Lust nicht vollständig zu unterdrücken. Lustfeindlichkeit ist nicht das Ziel.

Saturn im Zeichen Waage – Über die Liebe herrschen
Saturnstärken Gerechtigkeitssinn, Ausgewogenheit,
wahrhaftig lieben können
Saturnschwächen Disharmonie, Unzufriedenheit,
Gefühlskälte, Einsamkeit

Die Botschaft Saturns lautet: »Meine Position bedeutet die Aufforderung, nach der ›richtigen, wahren‹ Liebe zu suchen. Ihr muss dein ganzes Sehnen und Streben gelten. Um sie zu finden, wirst du jede Menge Enttäuschungen zu verkraften haben. Denn was du für Liebe hältst – den Rausch der Sinne, überwältigende Gefühle, Herz und Schmerz –, hat vor mir, deinem Saturn, keinen Bestand. In meinen Augen heißt Liebe, dass sich Ich und Du, der eine und der andere, gleichwertig gegenübertreten. Niemand ist kleiner oder größer, gescheiter oder dümmer, wichtiger oder unbedeutender, reifer oder naiver. Das klingt einfach und ganz selbstverständlich, ist es aber nicht. Menschen haben von Natur aus das Bestreben, sich selbst zu verwirklichen, andere hingegen (und dazu zählen auch Partner) hintanzustellen. Darüber hinaus bestehe ich auf Zuverlässigkeit. Vor mir zählt noch das ›eherne‹ Gesetz ›… bis dass der Tod euch scheidet‹.
Es sind gravierende Dinge geschehen (in einem früheren Leben, in der Ahnenreihe), deshalb wache ich, Saturn, jetzt persönlich über die Liebe. Es kam zu unwürdigem Verhalten. Jemand wurde im Stich gelassen. Die Liebe wurde verraten. Herzen wurden gebrochen … Jetzt ›zahlst‹ du dafür. Aber es ist keine Rache oder Strafe. Ich, Saturn, mache mich stark, damit du derlei Fehlverhalten vermeidest. Ich bringe dich auf den Weg.«

Saturn-Check
Wo muss man sich diesem Saturn beugen? Man muss lernen, verbindlich zu sein.
Welche Mittel und Methoden wendet Saturn an? Falsche Liebe, Liebeskummer und Alleinsein drohen.
Worauf muss man achten? Die Liebe nicht restlos zu »vergessen«.

Saturn im Zeichen Skorpion –
Über die Vergänglichkeit herrschen

Saturnstärken Tiefe, Zugehörigkeit, Willenskraft,
Verbundenheit mit den Ahnen
Saturnschwächen Engstirnigkeit, Fanatismus

Die Botschaft Saturns lautet: »Meine Position verweist auf tragische, leidvolle Erfahrungen. Könntest du dein Leben bzw. das deiner Familie rückwärts abspulen, würden rasch Szenen auftauchen, in denen jemand auf der Flucht, vertrieben, ohne Heimat, ohne Zugehörigkeit ist. Diese Themen beherrschen deine Ahnenreihe weit über deine Großeltern hinaus. Man hat keine richtigen Wurzeln, kein Erbe, das man übernehmen, keine Fußstapfen, in die man treten kann. Wenn man zurückschaut, finden sich Leben ohne Glanz, ohne Würde, ohne Höhepunkt. Daher dränge ich, Saturn, dich mit aller Macht dazu, deinem Leben einen Wert zu verleihen. Denn das Gefühl, dass die eigenen Ahnen ein würdeloses Dasein fristen mussten, formt sich in den Seelen der Nachkommen zu einem großen, mächtigen Anspruch, es besser zu machen, den Gipfel zu ersteigen.

Ich, Saturn im Zeichen Skorpion, veranlasse dich, die dünnen Fäden aus deiner Vergangenheit aufzuspüren und im Lauf deines Lebens ein Netz daraus zu knüpfen – um so wieder einen Halt zu finden. In der Weise, wie du dich umdrehst und vor der Vergangenheit verneigst, bekommst du eine Verbindung zu deinen Vorfahren sowie der eigenen Vergangenheit und erhältst Kraft und Wissen. Das ist der ›Dank der Ahnen‹. Wenn du dich ihrer annimmst, erfährst du ihren Schutz und bist nie mehr allein im Leben. Hinter dir steht die Kraft der Vergangenheit.«

Saturn-Check

Wo muss man sich diesem Saturn beugen? Sich vor der Vergangenheit verbeugen.
Welche Mittel und Methoden wendet Saturn an? Man muss hohe Ansprüche an sich selbst und sein Leben stellen.

Worauf muss man achten? Nicht in der Vergangenheit zu »ertrinken«, Gegenwart und Zukunft nicht aus den Augen zu verlieren.

Saturn im Zeichen Schütze –
Über Wahrheit und Wissen herrschen

Saturnstärken Pioniergeist, Mut, Weisheit, Stärke, Wahrhaftigkeit

Saturnschwächen Dünkel, Zynismus, Grausamkeit

Die Botschaft Saturns lautet: »Dein Leben ist eine Reise zu dir selbst. Du musst dir deinen eigenen Weg suchen! Lass dich nicht von anderen beeinflussen. Hör nur auf dich! Diese starke Hinwendung zu dir selbst ist verbunden mit einer Abkehr von deinem Umfeld und beruht auf einer Reihe großer Enttäuschungen in der Vergangenheit (der eigenen bzw. der Ahnen), bei denen der Glauben an andere Menschen verlorengegangen ist: Vielleicht hat ein Arzt versagt, es ist ihm ein Fehler unterlaufen, oder er hat sich zu wenig Mühe gegeben. Vielleicht wurdest du oder jemand aus deiner Familie in seinem Glauben zutiefst erschüttert, weil ›Gott‹ ein schreckliches Geschehen zuließ, einem nicht beistand. Es gehört auch zur Vergangenheit von Menschen mit dieser Saturnposition, dass sie – um zu überleben – ihrem Glauben abschwören mussten. Jedenfalls bestand am Anfang eine große Hoffnung, die schließlich in eine große Enttäuschung mündete.

Mit mir, Saturn im Zeichen Schütze, hast du einen Vertrauten an deiner Seite, einen, der hilft, derartige Enttäuschungen zu vermeiden. Mit mir bist du von vornherein skeptisch. Du kommst bereits mit Misstrauen auf die Welt, und im Lauf der Jahre gewöhnst du dich immer stärker daran, alles in Frage zu stellen. Du wirst ein Mensch, der zwischen Illusion und Wahrheit genau unterscheiden kann. Du wirst weise.«

Saturn-Check

Wo muss man sich diesem Saturn beugen? Er verlangt Selbstvertrauen.

Welche Mittel und Methoden wendet Saturn an? Er führt einen durch Enttäuschungen, Fehlschläge und Irrwege.

Worauf muss man achten? Kein grundsätzliches Misstrauen zu entwickeln, nicht gänzlich an der Welt zu verzweifeln.

Saturn im Zeichen Steinbock –
Über sich und andere herrschen

>*Saturnstärken* Klarheit, Standhaftigkeit, Verantwortlichkeit, Führungskompetenz, Selbstbeherrschung
>*Saturnschwächen* Kälte, Rücksichtslosigkeit, Einsamkeit

Die Botschaft Saturns lautet: »Du besitzt einen besonders mächtigen Saturn. Das kommt daher, dass ich der regierende Planet des Tierkreiszeichens Steinbock bin. Ich bin hier zu Hause und kann mich gut entfalten. Meine Kraft verdoppelt sich im Steinbockzeichen. Auf der einen Seite führt dies dazu, dass du kontinuierlich an einer Lebensaufgabe arbeitest. Sie lautet: Du sollst etwas Großes vollbringen!

Auf der anderen Seite führt diese doppelte Saturnkontrolle dazu, sich selbst und vor allem seinen Gefühlen zu misstrauen.

Dies hat seine Wurzeln in der Vergangenheit (in einem früheren Leben, im Leben der Ahnen), in der du bzw. deine Vorfahren ausgenutzt, manipuliert oder sogar missbraucht wurden. Zu denken ist auch an eine Verführung oder einen gewalttätigen Missbrauch von Kindern, wohl die verwerflichste Untat. Irgendetwas in dieser Art muss die Ursache dafür sein, dass du dir heute selbst nicht mehr vertraust. Für dich sind Menschen gefährlich, unberechenbar, zu allem fähig.

In der Weise, wie du älter wirst und erfährst, dass das Leben, du und die anderen berechenbar sind, wirst du neues Vertrauen schöpfen. Du wirst neue Gefühle entdecken, solche, die weniger aus dem Bauch, sondern aus dem Herzen kommen. Du wirst lieben, mit anderen Menschen zusammen sein, aber auch allein sein können. Du wirst unabhängig, selbständig, und dein Leben wird getragen von Stimmigkeit und Zufriedenheit. Jetzt obliegt dir auch, andere zu führen. Denn du wirst sie nicht ›verkrüppeln‹ und ›züchtigen‹, sondern zu Weisheit und Liebe führen.«

Saturn-Check

Wo muss man sich diesem Saturn beugen? Man muss lernen, Herr seiner selbst zu sein.

Welche Mittel und Methoden wendet Saturn an? Angst, Vorsicht, Enttäuschung.

Worauf muss man achten? Kein Einsiedler und kein Menschenfeind zu werden.

Saturn im Zeichen Wassermann – Über das Chaos herrschen

Saturnstärken Individualität, Erfindungsgabe, Menschlichkeit
Saturnschwächen Chaotisch, verwirrt und verrückt sein, Hochstapelei

Die Botschaft Saturns lautet: »Du suchst etwas besonders Wertvolles im Leben, nämlich Individualität. Einzigartigkeit ist kostbar. Zwar sagt man leicht dahin, jemand sei ein Individuum. Aber das ist hier nicht im formellen Sinn gemeint. Ein wirkliches Individuum besitzt einen eigenen Charakter, etwas Besonderes und Einmaliges. Dadurch unterscheidet sich der Einzelne von allen anderen Menschen, vergleichbar einem als Solitär dastehenden Baum in einer Landschaft. Dieser Wunsch nach Einmaligkeit ist uralt. Du trägst ihn schon lange mit dir herum (viele Leben, durch Generationen hindurch). Du bist aus der Gesellschaft ausgebrochen, hast deine Familie verlassen – immer auf der Suche nach Freiheit, nach Individualität. Du hast Menschen mit anderem Glauben, aus anderen Ländern und aus anderen sozialen Schichten geliebt. Kinder kamen, noch bevor ein längeres Zusammenleben überhaupt zur Diskussion stand. Du selbst entstammst letztlich einer derartigen ›Augenblicksverbindung‹. Du verdankst dein Dasein einem sogenannten Zufall, einer Laune des Schicksals sowie der Spontaneität und Freiheit deiner Vergangenheit.

Aber du warst auch blind und unwissend und erlebtest daher grandiose Irrungen und Verwirrungen. Du erlittest die große Angst vor dem Chaos, vor einem Sein ohne Ordnung und Sicherheit. Du wurdest ausgestoßen und verbannt, verjagt und geächtet. Jetzt begleitet dich Saturn. Mit mir wirst du dein freies Leben fortführen und dich dabei immer sicherer am Chaos vorbeimanövrieren.«

Saturn-Check

Wo muss man sich diesem Saturn beugen? Man muss lernen, seine Individualität zu leben, ohne im Chaos unterzugehen.

Welche Mittel und Methoden wendet Saturn an? Reinfall, Bruchlandung und Fehlentscheidung.

Worauf muss man achten? Dass man den Kontakt zu anderen Menschen nicht verliert.

Saturn im Zeichen Fische –
Sein Mitgefühl beherrschen

Saturnstärken Toleranz, Opferbereitschaft, Weitblick, Visionen

Saturnschwächen Ich-Schwäche, Isolation, Selbstzweifel

Die Botschaft Saturns lautet: »Wie im Märchen wird dir aufgetragen, dich auf eine Reise zu begeben. Wohin? Vielleicht zum Ende des goldenen Regenbogens. Ans Ende der Welt. Oder nirgendwohin. Mit mir, Saturn im Zeichen Fische, ist dir ein Geheimnis in die Wiege gelegt. Aber mehr weiß man nicht. Das Geheimnis hat damit zu tun, dass in deiner Vergangenheit (in einem früheren Leben, in deiner Ahnenreihe) jemand verschwiegen wurde: ein Kind, eine andere Frau, der richtige Vater … Dieses verleugnete, verheimlichte Leben fehlt jetzt deiner Seele, und sie sucht danach, ohne dass du es selbst bewusst wahrnimmst.

Dir ist infolgedessen ein besonderes ›Organ‹ für Unrecht und Lüge gegeben. Wo immer in dieser Welt Unrecht geschieht, leidest du mit. Jedes Leid ziehst du regelrecht an. Aber das hat auch fatale Folgen für die Liebe. Du neigst dazu, dir einen Partner zu suchen, der ganz besonders der Zuwendung bedarf, weil er unglücklich ist. Dann kannst du ihm – so meinst du zumindest – all das angedeihen lassen, was in der Vergangenheit nicht geschehen ist: grenzenlose Liebe. Du nimmst ihn an. Du bist für ihn da. Du verstößt ihn nicht.

Aber das ist der falsche Weg. Du musst mit der Vergangenheit fertigwerden und sie nicht ständig vor dir hertragen. So wiederholst du nur dein Karma. Du brauchst nicht aufzuhören, andere zu lieben. Aber du darfst das rechte Maß nicht aus den Augen verlieren.«

Saturn-Check

Wo muss man sich diesem Saturn beugen? Man muss sich mit seiner Vergangenheit auseinandersetzen.

Welche Mittel und Methoden wendet Saturn an? Desillusionierung und Enttäuschung.

Worauf muss man achten? Die Vergangenheit nicht endlos zu wiederholen.

Zum Schluss

Seit nunmehr über dreißig Jahren beschäftige ich mich mit Astrologie. In dieser Zeit entstanden über sechzig Bücher zu diesem Thema. In zahlreichen Journalen und Zeitungen finden sich regelmäßig wöchentliche, teilweise sogar tägliche astrologische Beiträge von mir. In Einzelsitzungen, Seminaren, Aus- oder Weiterbildungen bin ich in meiner Tätigkeit als Astrologe einigen tausend Menschen begegnet.

Bei der ausgiebigen und intensiven Beschäftigung mit der Astrologie war mir immer daran gelegen, mich diesem geheimnisvollen »Kult« auf verschiedenen Ebenen zu nähern: auf einer leichten, unterhaltsamen in manchen journalistischen Beiträgen und auf einer ernsthaften, in die Tiefe führenden in meinen Büchern. Die populäre, eher spielerische Variante, wie sie Zeitungen oder Zeitschriften präsentieren, rückt die astrologischen Gegebenheiten ins Bewusstsein der Leser, macht neugierig und bewegt den einen oder anderen dazu, sich näher damit zu befassen. Die Astrologie scheint ohnehin eine ausgesprochen volkstümliche Komponente zu haben. Ich bin immer wieder erstaunt, dass eigentlich jeder, egal, ob er sich mit ihr beschäftigt hat oder nicht, gleich mitreden kann. Er »weiß« etwas über den Widder, den Stier, den Zwilling oder die Jungfrau. Ich bin überzeugt, dass es diese Nähe zum Alltag und Normalen ist, die die Astrologie letztendlich unverwüstlich gemacht hat.

Ich habe Psychologie studiert und war zehn Jahre lang als Psychotherapeut aktiv. Mein Wechsel zur Astrologie geschah langsam und voller Skepsis. Wie jeder denkende Mensch ist auch mir ein Zusammenspiel von kosmischen Bewegungen und menschlichem Sein nahezu unvorstellbar. Aber ich wurde immer wieder eines Besseren belehrt: Es existieren Parallelen respektive Analogien zwischen »oben« und »unten«. Doch diese Verbindung ist nicht fest oder mechanisch. Es gibt Widersprüche, Ausnahmen, Irrungen und Verwirrungen. Jeder, der sich näher mit der Astrologie beschäftigt, betritt früher oder später einen Raum, der voller

Wunder, aber auch voller Rätsel ist. Aus einem Horoskop lassen sich unglaubliche Schlussfolgerungen ziehen, die zum Beispiel einem Psychologen – wenn überhaupt – erst nach langen Explorationen zugänglich werden. Ein Horoskop beleuchtet das Wesen eines Menschen, offenbart seine Herkunft, seine Stellung in der Welt und seine Zukunft. Dennoch steht man auch immer wieder vor Abweichungen und Ausnahmen.

»Astra inclinant, non necessitant«, zu Deutsch: »Die Sterne machen geneigt, doch sie zwingen nicht.« Dieses berühmte und beflügelnde Zitat, das Thomas von Aquin (1225–1274) zugeschrieben wird, hat mich immer bei meiner Arbeit begleitet. Heute würde ich es sogar folgendermaßen umformulieren: »Die Sterne lösen Rätsel und decken Geheimnisse auf. Aber sie schaffen auch viele neue …«